Religion – Sekundarstufe I

Zeit der **Freude**
Arbeitsheft 5

von Christoph Menn-Hilger

Vorname und Nachname:

_____

Klasse:

_____

Schule:

_____

Patmos

Inhalt

Hallo, liebe Schülerinnen und Schüler,

hier ist es – euer **eigenes Arbeitsheft** für den Religionsunterricht zum Buch „Zeit der Freude". Tragt deshalb bitte vorne euren Namen, eure Klasse und eure Schule ein. Ihr könnt das Heft als Ergänzung zum Schulbuch verwenden. Dabei kann euch das Schulbuch oft helfen.

Sicherlich seid ihr gespannt, was euch auf den folgenden Seiten erwartet. Vielseitigkeit und Phantasie sind gefragt: **Schreiben, Malen, Basteln, Knobeln, Raten und vor allem gut Nachdenken.** Abwechslungsreich sind auch die jeweils gewählten **Arbeitsformen,** in denen ihr die Aufgaben knacken sollt. Oft müsst ihr euren „Grips" alleine anstrengen, manchmal auch zu zweit mit eurer Nachbarin/eurem Nachbarn oder in Gruppen oder sogar in der ganzen Klasse.

Eine Bitte zum Schluss: Euer Arbeitsheft verfügt auch über Lösungsseiten. Hier könnt ihr die richtigen Ergebnisse vieler Aufgaben nachschlagen. Damit die Bearbeitung des Heftes euch aber bis zum Ende viel Spaß bereitet, bitte immer **erst die Aufgaben lösen und dann kontrollieren.** Danke!

Viel Freude mit diesem Arbeitsheft wünscht euch

euer

1. Ich und wir

1 Das Gedicht „Du und ich" (→ ZdF S. 13) stammt von dem deutschen Schriftsteller Karlhans Frank. Lies das Gedicht und überlege mit deiner Nachbarin/deinem Nachbarn, worum es in diesem Gedicht geht. Fasst eure Überlegungen in 2–3 Sätzen zusammen.

_____

_____

_____

2 Schaut noch einmal genauer auf den Schluss des Gedichtes, auf die letzten 4 Zeilen: Was sagen euch diese Zeilen?

_____

_____

_____

3 Stellt euch selber die Fragen des Gedichts und vergleicht eure Antworten
a) Trage dazu deinen Namen in den Steckbrief ein und fülle ihn aus.
b) Stelle dich nun anhand deines Steckbriefes deiner Nachbarin/deinem Nachbarn vor.
c) Vergleicht eure Steckbriefe und überlegt, ob auch ihr plötzlich erkennt – wart ihr blind? – dass ihr innen euch äußerst ähnlich seid.

Mein Steckbrief   Mein Steckbrief   Mein Steckbrief

Vorname:

Nachname:

Geburtsdatum:

Geburtsort:

Geburtsland:

Was ich gut kann:

Was ich weniger gut kann:

Worüber ich weine:

Worüber ich lache:

Wovor ich in der Nacht Angst habe:

Welche Sorgen ich habe:

Welche Wünsche ich habe:

Welche Farbe ich mag:

Was mich traurig macht:

Was mir Freude bringt:

Mein Lieblingsessen:

2. Die Eltern

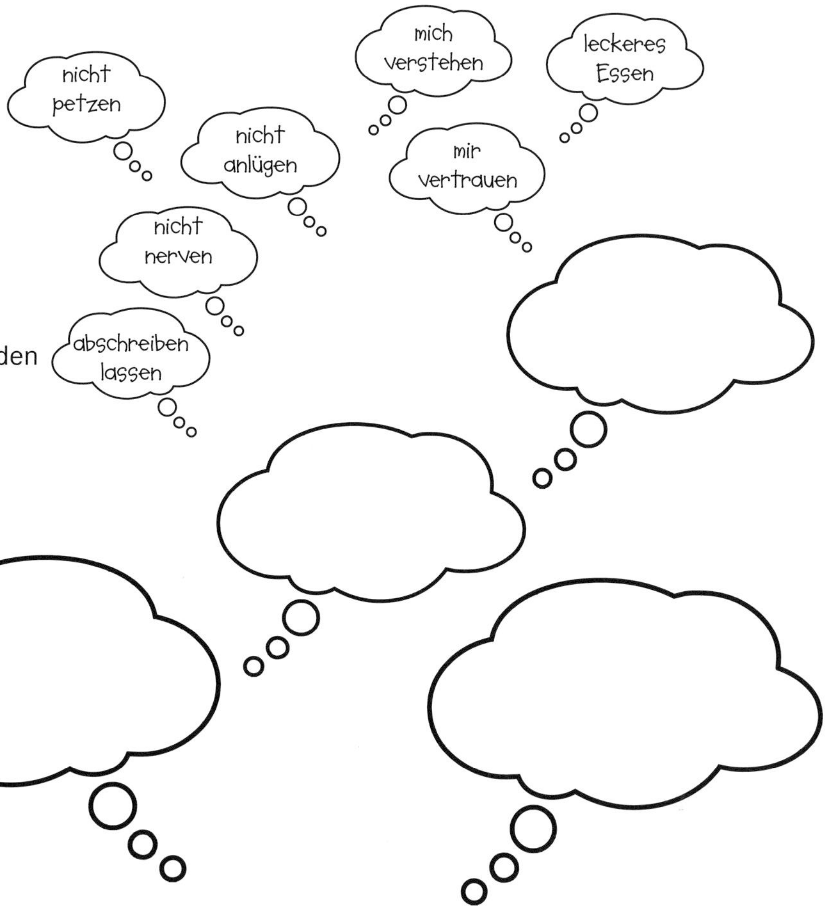

1 Überlege: Was erwartest du
- von deinen Eltern
- von deinen Geschwistern
- von deinen Mitschülerinnen und
  Mitschülern
- von deinen Freundinnen und Freunden
- ...
Fülle die weiteren „Denkblasen" aus!

nicht
petzen

mich
verstehen

leckeres
Essen

nicht
anlügen

mir
vertrauen

nicht
nerven

abschreiben
lassen

2 Schreibe entlang der
Sonnenstrahlen, **was du
von anderen erwartest.**
Verwende dabei für jede
Erwartung jeweils einen
Strahl!

3 Frage dich selbst: Was
tust du für andere?
Für deine Eltern,
Geschwister, Mit-
schülerinnen und
Freunde? Schreibe
jetzt in einer anderen
Farbe entlang der
Sonnenstrahlen, **was
du für die anderen
tust.** Benutze dafür
jeweils die andere
Strahlenseite!

4 Überlege: Ist deine
Sonne ausgeglichen?
Stimmt die Balance,
das Verhältnis von
deinem Tun und
deinen Erwartungen?
Bedenke dabei auch
den Bibelvers in der
Sonnenmitte.
Schreibe deine
Gedanken in dein
Heft.

Alles, was du von
anderen erwartest,
das tue auch ihnen.

Mt 7,12

4. Kinder Gottes

Der amerikanische Professor in der Geschichte „**Die kleinen Flöhe und der unendliche Gott**"
(→ ZdF S. 20) trägt keinen Namen. Nennen wir ihn William Cornell. Er ist auf der Suche nach einem Beweis
für Gott. Seine kleine Tochter Sarah gibt ihm mit ihren Floh-Fragen ohne Absicht einen guten Tipp.

1 Stelle dir vor, der Professor tritt am nächsten Tag vor seine Studentinnen und Studenten und erklärt
ihnen stolz einen Beweis für die Existenz Gottes. Vervollständige die Ansprache des Professors. Lies
dazu noch einmal aufmerksam die Geschichte.

PROF. WILLIAM CORNELL

Meine lieben Studentinnen und Studenten!
In den letzten Wochen wurde ich von Ihnen häufig gefragt, ob
es denn nicht einen Beweis für Gott gibt. Gestern kam mir,
na ja wenn ich ehrlich bin, meiner kleinen Tochter, ein Einfall.
Dass es Gott geben muss, könnte man so erklären:

_____

_____

_____

_____

_____

_____

_____

_____

_____

_____

_____

_____

_____

2 Jedes Kind ist ein Original! Und jedes Kind hat deshalb auch eine originelle Meinung. Was hältst du
selber von diesem Beweis? Begründe deine Antwort.

_____

_____

_____

4. Kinder Gottes

Der deutsche Maler **Emil Nolde** hat zu einer biblischen Begebenheit ein farbenfrohes Bild geschaffen: **Christus und die Kinder** (→ ZdF S. 21). In diesem Bild gibt es einiges zu entdecken.

1 Betätige dich als **Bilddetektiv!** Bastle dazu eine Lupe aus Pappe und male sie an. Ein verkleinertes Modell findest du hier.

Gehe mit deiner Lupe auf Entdeckungsreise. Was beobachtest du,

* wenn du dir nur die Gesichter der Kinder anschaust?

_____

_____

_____

* wenn du die Gesichtsausdrücke der Erwachsenen unter die Lupe nimmst?

_____

_____

_____

* wenn du nur Jesus auf dem Bild ansiehst?

_____

_____

_____

* wenn du die verwendeten Farben im linken bzw. rechten Teil des Bildes miteinander vergleichst?

_____

_____

_____

* sonst noch auf deiner Entdeckungsreise?

_____

_____

_____

2 Der Bibeltext, der dem Bild von Emil Nolde zugrunde liegt, steht im Evangelium nach Lukas (18,15–17). Leider ist der Textabschnitt durcheinandergeraten. Bringe die Satzteile in die richtige Reihenfolge und schreibe die Geschichte in deinem Heft auf:
Die Segnung der Kinder
Man brachte ...

3 Überlege, ob Emil Nolde die Situation „Jesus und die Kinder" mit seinem Bild gut „eingefangen" hat. Lies noch einmal deine Beobachtungen aus **1** und vergleiche sie mit dem Bibeltext. Schreibe in dein Heft!

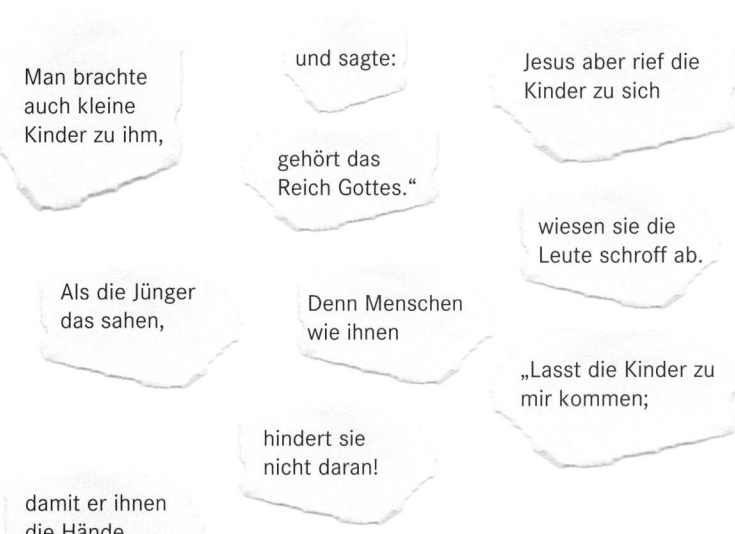

Man brachte auch kleine Kinder zu ihm,

und sagte:

Jesus aber rief die Kinder zu sich

gehört das Reich Gottes."

Als die Jünger das sahen,

Denn Menschen wie ihnen

wiesen sie die Leute schroff ab.

damit er ihnen die Hände auflegte.

hindert sie nicht daran!

„Lasst die Kinder zu mir kommen;

5. Kinderrechte – Kinderpflichten

Die wichtigsten Rechte, die alle Menschen in Deutschland haben, stehen im „Grundgesetz für die Bundesrepublik Deutschland". Sie heißen „Grundrechte". Das erste Grundrecht lautet so:

Artikel 1
(1) Die Würde* des Menschen ist unantastbar.
Sie zu achten und zu schützen ist Verpflichtung
aller staatlichen Gewalt.

* **Würde:** Du kennst vielleicht die Redeweisen, dass jemand „würdig" ist oder „würdevoll" geht. Allgemein bezeichnet man mit der „Würde des Menschen" alle die Werte, die jedem Menschen zustehen und immer zu achten sind.

1 Überlege mit deiner Nachbarin/deinem Nachbarn, was alles zu der „**Würde des Menschen**" dazugehört. (Zur Würde der Kinder siehe auch → ZdF S. 18)

_____   _____

_____   _____

_____   _____

2 Wo ist die Würde von Menschen **in Gefahr**? Schreibt Beispiele aus eurer Schule, eurer Stadt, unserem Land oder unserer Welt auf.

_____

_____

_____

3 Haben auch **Tiere** eine Würde? Vielleicht hilft dir zur Beantwortung dieser Frage das Gedicht von Reiner Kunze „Das Kätzchen" (→ ZdF S. 19). Begründe deine Antwort.

_____

_____

_____

4 In diesem Wortsalat sind 15 Begriffe versteckt, die zeigen, **was Kinder brauchen**. Entdecke und markiere sie. Ordne die Begriffe anschließend ihrer Wichtigkeit nach und vergleiche deine Rangliste mit dem deiner Nachbarin/deines Nachbarn.

Wortsalat: Was Kinder brauchen

```
A  B  C  D   K  L  E  I  D  U  N  G   G
N  L  L  N   A  H  R  U  N  G  Q  A   A
E  S  Z  F   R  E  U  N  D  E  W  O   O
R  I  U  R   O  P  H  E  A  H  R  I   E
K  E  K  I   F  W  E  A  H  N  C  T   T
E  L  U  E   F  W  O  H  N  U  N  G   W
N  U  N  D  (L  I  E  B  E) Ö  N  G   Ä
N  F  F  E   B  I  L  D  U  N  G  P   R
U  T  T  N   I  L  I  E  O  T  E  I   M
N  F  A  M   I  L  I  E  N  D  O  N   E
G  V  E  R   S  T  Ä  N  D  N  I  S   S
```

(Das Wort LIEBE ist eingekreist.)

1. _____	6. _____	11. _____
2. _____	7. _____	12. _____
3. _____	8. _____	13. _____
4. _____	9. _____	14. _____
5. _____	10. _____	15. _____

5 Wähle vier der besonderen Rechte, die alle Menschen und somit alle Kinder haben (→ ZdF S. 22), aus und entwirf Symbole, ähnlich einem „Icon" (engl. = Bild, Zeichen) beim Computer. Schreibe dazu die Rechte auf und zeichne dein Symbol in das Kästchen. Bedenke dabei, dass ein Außenstehender nur anhand deiner Icons erkennen können soll, um welche Rechte es sich handelt. Als Beispiel ist hier ein Icon vorgegeben. Trage das passende „Recht" ein.

1. Das Recht auf _____

2. Das Recht auf _____

3. Das Recht auf _____

4. Das Recht auf _____

5. Das Recht auf _____

6. Die großen Nöte der Kleinen

Die Liste erschütternder Beispiele von Kindern in großer Not ist sehr lang. Einiges wurde bereits und wird getan, um die Lage der Kinder zu verbessern. Aber vieles ist noch zu tun. Dazu zählt, dass **möglichst viele Menschen** von dem Elend der Kinder erfahren und helfen.

- Straßenkinder in aller Welt (→ ZdF S. 24)
- Täglich verhungern ca. 18 000 Kinder (→ ZdF S. 25)
- Kindersoldaten (→ ZdF S. 25)
- Landminenopfer (→ ZdF S. 25)
- Kinderarbeit – Kindersklaverei
- Mädchen – Menschen zweiter Klasse
- Organhandel
- Kinderprostitution
- Flüchtlinge
- AIDS

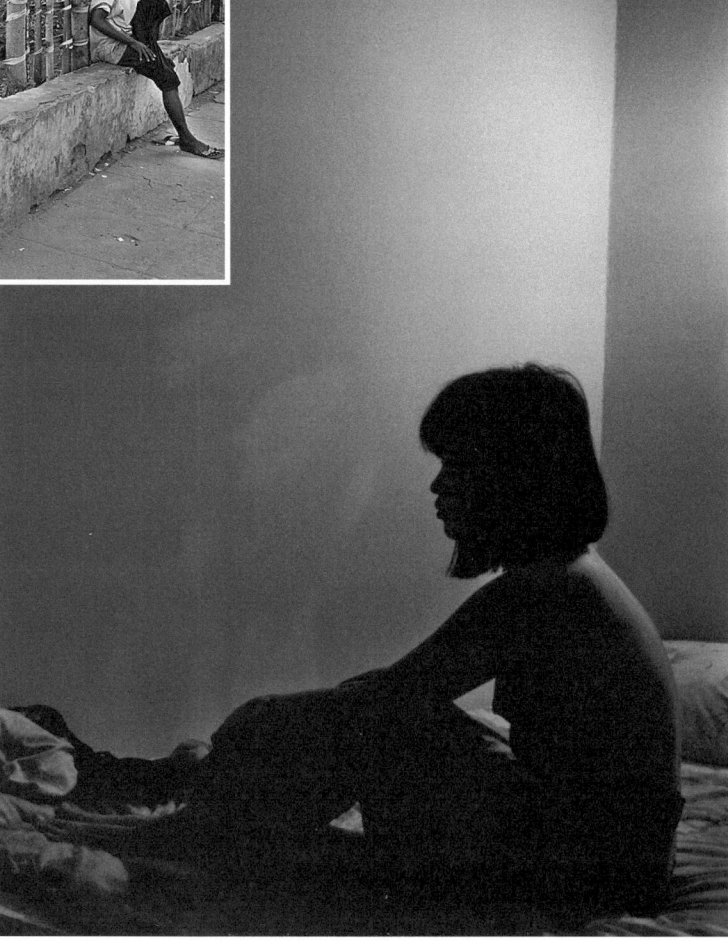

1 Wähle ein Beispiel aus und schreibe einen Brief an einen Erwachsenen (Großeltern, Eltern, Onkel, Tante, Nachbarn, ...), in dem du deine Adressatin/deinen Adressaten über die Notlage informierst. Die Fotos im Schulbuch oder hier können dir Anregung für deinen Brief geben. Vielleicht rufst du auch zur Hilfe auf.
Willst du deinen Brief zum Schluss der Adressatin/dem Adressaten zeigen?

Liebe(r)

_____
_____
_____
_____
_____
_____
_____
_____

Dein(e)

2 Helfen ist möglich – wem kannst und möchtest du in naher Zukunft wie helfen?

_____
_____
_____
_____

1. Das Buch der Bücher

Teste zum Einstieg dein Wissen über „das Buch der Bücher". Kreuze dazu in diesem Bibelquiz jeweils die richtige Antwort an. Es ist immer nur eine Antwort richtig!

1 Was bedeutet AT?

| a) Abrahams Taten ❏ | b) Antike Texte ❏ | c) Altes Testament ❏ |

2 Was bedeutet NT?

| a) Neue Texte ❏ | b) Neues Testament ❏ | c) Neuer Trost ❏ |

3 Wie viele Bücher enthält die Bibel (Einheitsübersetzung)?

| a) 2 Bücher ❏ | b) 73 Bücher ❏ | c) 150 Bücher ❏ |

4 Was bedeutet das Wort „Bibel" wörtlich übersetzt?

| a) Wort Gottes ❏ | b) Frohe Botschaft ❏ | c) Buch ❏ |

5 In welcher Sprache wurde die Bibel geschrieben?

| a) Deutsch ❏ | b) Lateinisch ❏ | c) Hebräisch und Griechisch ❏ |

6 Wie heißt das erste Buch der Bibel?

| a) Die Psalmen ❏ | b) Das Buch Genesis ❏ | c) Das Evangelium nach Matthäus ❏ |

7 Wie heißt das letzte Buch der Bibel?

| a) Das Buch Exodus ❏ | b) Der Brief an die Römer ❏ | c) Die Offenbarung des Johannes ❏ |

8 Welche Frau kommt in der Bibel vor?

| a) Mutter Teresa ❏ | b) Ester ❏ | c) Nofretete ❏ |

9 Welcher Mann kommt <u>nicht</u> in der Bibel vor?

| a) Mose ❏ | b) Luther ❏ | c) Isaak ❏ |

10 Wie viele Bücher von Mose stehen in der Bibel?

| a) 1 ❏ | b) 5 ❏ | c) 7 ❏ |

11 Mit welcher Geschichte beginnt die Bibel?

| a) Die Schöpfungs-geschichte ❏ | b) Die Geburt Jesu ❏ | c) Die Arche Noach ❏ |

12 Welches Tier kommt <u>nicht</u> in der Bibel vor?

| a) Skorpion ❏ | b) Klippdachs ❏ | c) Meerschweinchen ❏ |

13 Wie heißen die Lieder der Bibel?

| a) Choräle ❏ | b) Spirituals ❏ | c) Psalmen ❏ |

14 In welchem Buch kommt die Kreuzigung Jesu vor?

| a) Evangelium nach Johannes ❏ | b) Buch der Richter ❏ | c) Klagelieder ❏ |

15 Welche dieser Regeln stehen in der Bibel?

| a) Die Anstandsregeln ❏ | b) Die Zehn Gebote ❏ | c) Die Verkehrsregeln ❏ |

16 Wie heißt das Fremdwort für „Bibelauslegung"?

| a) Bibliographie ❏ | b) Exegese ❏ | c) Evangelium ❏ |

17 Welcher dieser Aussprüche steht in der Bibel?

| a) „Reden ist Silber, Schweigen ist Gold." ❏ | b) „Wer anderen eine Grube gräbt, fällt selbst hinein." ❏ | c) „Suchst du noch oder lebst du schon?" ❏ |

18 Welches Wesen kommt in der Bibel vor?

| a) Rübezahl ❏ | b) Elfe ❏ | c) Magier ❏ |

19 In wie viele Sprachen ist die Bibel (oder Teile von ihr) übersetzt?

| a) 1350 ❏ | b) 2100 ❏ | c) 4820 ❏ |

20 Welches ist das meistgelesene Buch aller Zeiten?

| a) Herr der Ringe ❏ | b) Grimms Märchen ❏ | c) Bibel ❏ |

Schlage die richtigen Lösungen auf Seite 46 nach und stufe dich ein:
- 0–2 Fehler: Du bist ein richtiger Bibelfuchs!
- 3–6 Fehler: Ganz ordentlich!
- 7–10 Fehler: Noch so im Mittelmaß!
- > 10 Fehler: Na ja: „Übung macht den Meister!" (dieses Sprichwort steht übrigens nicht in der Bibel)

2. Eine ganze Bibliothek

Wie die Bücher einer Bibliothek mit einer „Signatur" versehen sind, so gibt es auch **für die biblischen Bücher** fest vereinbarte **Abkürzungen**. Du findest diese in der Regel auf den ersten Seiten einer Bibel in einem Verzeichnis aufgelistet.

1 Damit du dir die Abkürzungen der biblischen Bücher schnell einprägst, löse dieses **Kreuzworträtsel**. Es handelt von **Tieren in der Bibel**. Benutze als Hilfsmittel lediglich eine Bibel (Einheitsübersetzung)!

1. … muss auf dem Bauch kriechen und Staub fressen, weil es Adam und Eva verführt hat (Gen 3,14)

2. … eine der Plagen, die Gott über Ägypten schickte, weil der Pharao Mose und die Israeliten nicht freilassen wollte (Ex 8,12–13)

3. … erhielten die Israeliten bei ihrem Zug durch die Wüste in Hülle und Fülle von Gott als Nahrung (Ex 16,11–13)

4. … gossen die Israeliten in der Zeit, als Mose auf dem Berg Sinai von Gott die 10 Gebote erhielt aus Gold, um es anzubeten (Ex 31,18–32,5)

5. … gehörten zu den Schätzen des Königs Salomos (1 Kön 10,22)

6. … wenn der Gott des Alten Testaments zornig auf verbrecherische Völker war, lief seine Bevölkerung aufgescheucht wie solche in ihre Länder und Städte (Jes 13,14)

7. … wird in der Traumgeschichte des Propheten Daniel zu einem Bild der Militärmacht der gewaltigen Weltreiche (Dan 7,5)

8. … Abraham besaß viele von diesen vorzüglichen Last- und Reittieren (Gen 24,35)

9. … kann bis zu 1.000 Meter hoch fliegen und stirbt selbst dann nicht, wenn seine Körpertemperatur auf den Gefrierpunkt herabsinkt (Lev 11,19)

10. … hält sich vorzugsweise im Wasser auf und wiegt durchschnittlich 1 Tonne (Ijob 40,15)

11. … ist ein vortrefflicher Jäger, schlau und vorsichtig. Jesus verglich Herodes mit ihm (Lk 13,31–32)

12. … hier irrt die Bibel, denn es ist gewiss kein Wiederkäuer (Lev 11,6)

13. … passt nicht durch ein Nadelöhr (Mt 19,24)

14. … wohnt in Felsspalten (Ps 104,18)

15. … ein damals wie heute furchteinflößendes Tier, das man in Fallgruben und Netzen fing (Ez 19,3–4)

16. … Kreuzung eines Eselhengstes mit einer Pferdestute. Salomo ritt auf einem solchen, als er zum König gesalbt wurde (1 Kön 1,32–34)

17. … von diesem Tier große Herden zu besitzen, war ein Zeichen von Reichtum. Bei Aufzählung der eigenen Besitztümer wurden sie stets an erster Stelle genannt. Hiob besaß 14.000 von ihnen (Ijob 42,12)

18. … im Hebräischen, der Sprache des Alten Testaments, heißt der Name dieses Tieres wörtlich übersetzt „der Heuler" (Mi 1,8)

19. … ein gefürchteter Räuber. Jesus verwendet das Tier als Bild für die Gefahren, denen die von ihm ausgesendeten Jünger ausgesetzt sein werden (Mt 10,16)

20. … die Juden kochten gern ihr Fleisch in der Milch, die dieses Tier gibt. Auch war die Milch ein beliebtes Getränk (Spr 27,27)

21. … blitzschnell ergreift er seine Beute. Hier wird es zum Bild der schnellen Streitwagen der Gegner des Volkes Israels (Jer 4,13)

22. … sprichwörtlich bekannt für sein gutes Auge (Ijob 28,7)

23. … da, wo sie sich sammeln, ist großes Übel und schlimme Not (Mt 24,28)

24. … seine Gewohnheit, um Mitternacht und unmittelbar vor Tagesanbruch zu krähen, sorgte dafür, dass sein Schrei zur Zeitbestimmung wurde (Mt 26,34)

25. … er wird als erster Vogel in der Bibel namentlich genannt und spielt bei der Arche Noach und der Erzählung von der Sintflut eine wichtige Rolle (Gen 8,6–7)

26. … auf Hebräisch, der Sprache des Alten Testaments, heißt das Tier deror, was ursprünglich soviel bedeutet wie „loslassen" oder „vorwärts stoßen" (Spr 26,2)

27. … vielleicht weil sich diese Vögel so fürsorglich um ihre Jungen kümmern, heißt der hebräische Name für dieses Tier wörtlich übersetzt „der Gute". Sein Flug ist ein majestätischer und imposanter Anblick (Sach 5,9)

28. … sie gelten als sehr ausdauernde Flieger (Ps 55,7)

29. … gelten als ein Vorbild für Fleiß und Klugheit (Spr 6,6–15)

30. … im Verborgenen vermag es vielerlei zu zerstören und kann damit großen Schaden anrichten. So benutzt es auch Jesus in der Bergpredigt als Bild der Zerstörung, um die Unbeständigkeit materiellen Reichtums zu verdeutlichen (Mt 6,19)

31. … gehört zu den ältesten Tieren der Welt. Ihr Netz gilt hier als ein Sinnbild für Sinnlosigkeit und Vergänglichkeit (Ijob 8,13–15)

32. … damals wie heute eine beliebte Speise. Im Christentum ein Symbol für Jesus Christus (Lk 5,4–7)

33. … für den Propheten Jesaja ein Sinnbild für den Frieden im Reich Gottes: Der Löwe frisst Stroh wie das gesuchte Tier! (Jes 11,7)

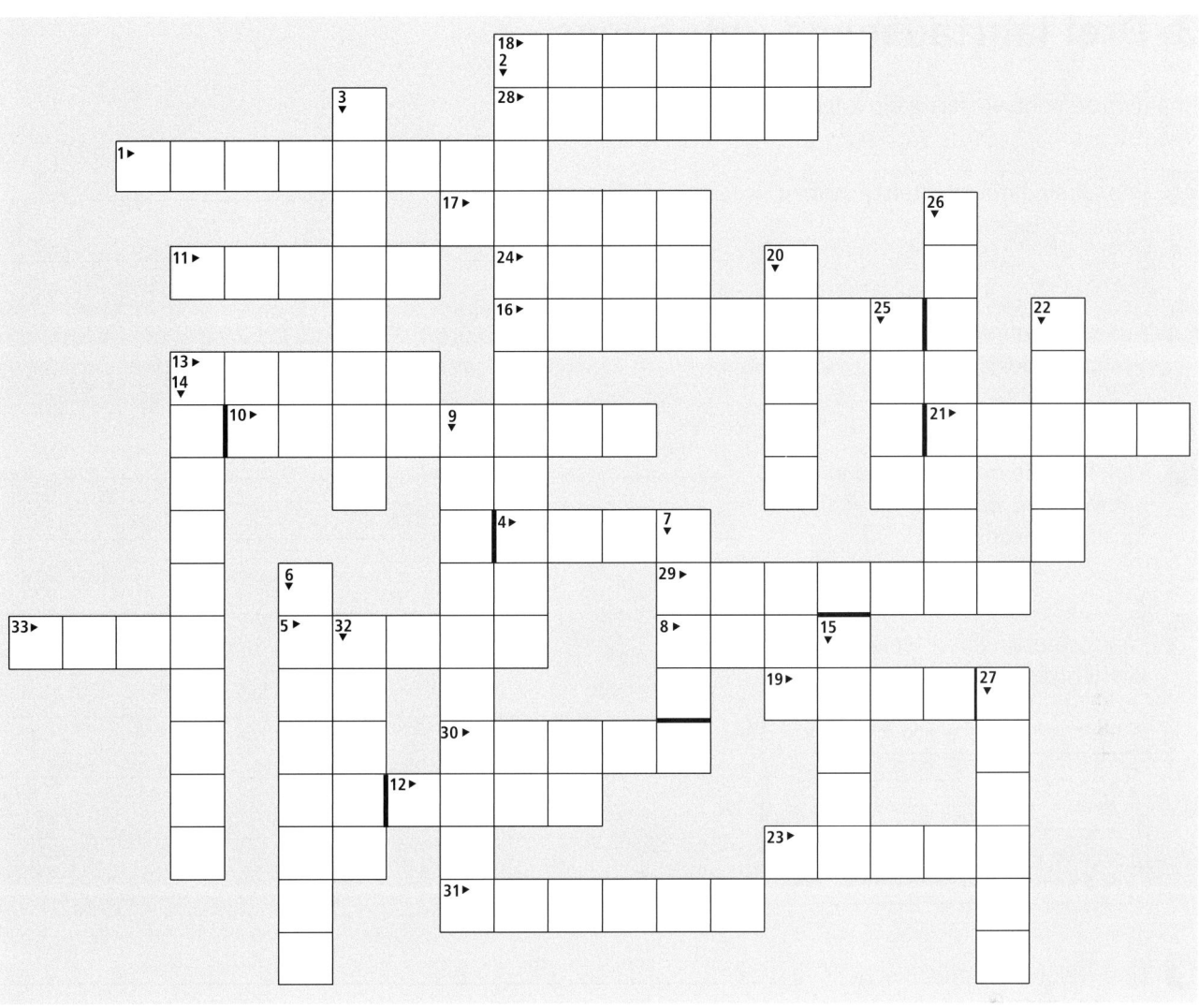

2 Wähle eine dieser „tierischen" Bibelstellen aus und male sie.

3. Drei Jahrtausende unterwegs

Beantworte stichwortartig die folgenden acht Fragen.

1 Wie alt sind die ältesten/jüngsten Texte der Bibel?

2 Aus welchem Volk stammten die Verfasser der Bibel?

3 Welche Teile der Bibel sind in hebräischer, welche in griechischer Sprache geschrieben?

4 Welche besonderen Merkmale hat die hebräische Sprache?

5 Und welche die griechische Sprache?

6 Warum gingen die Originalhandschriften verloren?

7 Wer hat im Lauf der Zeit Abschriften von der Bibel angefertigt?

8 Seit wann gibt es gedruckte Bibeln?

4. Ein kostbarer Fund

Löse den Lückentext! Die fehlenden Buchstaben bei einigen Lückenwörtern ergeben nacheinander gelesen den Namen der einzigen vollständig erhaltenen Schriftrolle, die bei dem sensationellen Fund in Qumran entdeckt wurde.

Israe_	fehlerfrei	Schmugg_lware	_tein	Umwege
Wasserkrüge	_e	Lede_	D_llar	
Bibel	Bet_ehem	Sch_tzes	Mus_um	_unger
			klirren	
unschätzbaren	_ufprall	Schuhe	August	plünderten

Es war im _____1947. Muhammed edh-Dhib, ein _____ Beduine, war auf der Suche nach einer

Höhle, in der er _____ verstecken wollte. Doch was war das? Ein kleines rundes Loch in

einer Wand – war dort eine Höhle, die er noch nie bemerkt hatte? Vorsichtig warf er einen _____ in das

Loch und zu seinem Erstaunen hörte er, wie das Steinchen beim _____ auf dem Boden ein

_____ erzeugte. Mit Spannung kletterte Muhammed in die Höhle, und ___ tiefer er hineinstieg, desto

mehr wuchsen seine Erwartungen. Aber zu seiner Enttäuschung fand er statt eines erhofften _____

nur einige große Tonkrüge, die mit altem bekritzeltem Leder gefüllt waren. Muhammed holte Freunde und

sie _____ gemeinsam die Höhle. Das _____ konnten sie für ihre _____, die

Krüge als Wasserkrüge gebrauchen. Lange Zeit später verkaufte Muhammed die gefundenen Lederrollen für fünf

_____ an einen Schuster im nahegelegenen _____. Über viele _____ stellte sich

schließlich heraus, dass die Lederrollen vor mehr als 2000 Jahren mit Texten der _____ beschriftet

wurden: Die bislang kostbarsten Funde aller Zeiten zur Bibel mit einem _____ Wert!

Heute sind die Schriftrollen im Besitz des Staates _____ und werden in Jerusalem in einem atombom-

bensicheren _____ aufbewahrt und ausgestellt.

Und das Erstaunlichste: Ein Vergleich der alten Rollen mit jüngeren Bibelhandschriften beweist, dass die

Bibel fast _____ über die Jahrtausende durch Abschreiben zu uns gekommen ist!

Lösungswort: ☐ ☐ ☐ ☐ ☐ ☐ ☐ ☐ ☐ ☐

6. Ein Geschenk des Himmels

Betrachte genau das Bild **„Der Evangelist Matthäus und der Engel"** (→ ZdF S. 39) von dem Maler Rembrandt van Rijn (1606-1669; bekannt unter seinem Vornamen „Rembrandt") und notiere deine Beobachtungen. Du kannst dazu auch die **Lupe für Bilddetektive** (→ Arbeitsheft S. 7) zur Hilfe nehmen.

1 **Wie sind die Personen auf dem Bild dargestellt?** (Alter, Geschlecht, Kleidung, Aussehen, Gesichtszüge, Gesichtsausdruck, Körperhaltung, besondere Merkmale …)

a) Der Evangelist Matthäus: _____

_____

_____

b) Der Engel: _____

_____

_____

2 **Was tun die Personen auf dem Bild?**

a) Der Evangelist Matthäus: _____

_____

_____

b) Der Engel: _____

_____

_____

3 **Wie stehen die Personen zueinander auf dem Bild?**

_____

_____

_____

4 Findest du im Buch vielleicht einen **Hinweis** darauf, warum Rembrandt nicht nur den Evangelisten Matthäus, sondern zudem noch einen **Engel** malt? Forsche dazu ZdF S. 39 noch einmal aufmerksam und vollständig durch.

_____

*Diese Aufgabe ist ganz schön schwer! Wenn du nicht weiter weist, dann kannst du dir auf der Lösungsseite (→ **S. 46**) einen **Tipp** holen.*

_____

_____

_____

7. Ein Leitfaden für das Leben – Augustinus und Martin Luther

Zwei Menschen, die plötzlich und unerwartet auf ein Bibelwort stießen und ihr Leben veränderten:

- **Augustinus** (→ ZdF S. 40)
- **Martin Luther** (→ ZdF S. 41)

1 Wähle eine der zwei Personen aus und erstelle zu ihr einen **Steckbrief.** Lies dazu noch einmal aufmerksam den entsprechenden Textabschnitt und fülle den Personenpass aus.

2 Zu einem Steckbrief gehört auch ein Foto/Bild. Male deine Person in den Bildkasten.

Name: _____

geboren (Jahr): _____ in (Ort) _____

Eltern: _____

Kindheit / Jugendzeit / Berufsausbildung: _____

_____

_____

Bibelvers, der sein Leben veränderte: „_____

_____

_____ " (   )

Was der Bibelvers in seinem Leben bewirkte: _____

_____

_____

Sonstiges: _____

_____

_____

gestorben (Jahr) _____ begraben (Ort) _____

3 Überlege zum Schluss: Warum wird der von dir ausgewählte Mensch in den christlichen Kirchen zu Recht als bedeutende Persönlichkeit und großes Vorbild angesehen?

_____

_____

7. Ein Leitfaden für das Leben – Redewendungen aus der Bibel

Die Bibel hat in unserer Sprache viele Spuren hinterlassen. So gibt es bei uns viele Redewendungen, die ursprünglich aus der Bibel stammen.

- in ein „Tohuwabohu" geraten (Gen 1,2; hebräisch: „Chaos", „Wildnis", „Leere")
- sich wie im Paradies fühlen (Gen 2,4 ff.)
- im Adamskostüm, im Evaskostüm (Gen 3,6)
- ein Feigenblatt benutzen (Gen 3,7)
- ein himmelschreiendes Unrecht (Gen 4,12)
- um das goldene Kalb tanzen (Ex 31,18 ff.)
- alle Jubeljahre einmal (Lev 25,8)
- sein Herz ausschütten (1 Sam 1,15)
- zu Krethi und Plethi gehören (2 Sam 8,18)
- ein salomonisches Urteil (1 Kön 3,16 f.)
- ein Lückenbüßer (Neh 4,7)
- jemanden auf Herz und Nieren prüfen (Ps 7,10)
- jemanden unter seine Fittiche nehmen (Ps 65,1)
- einem das Maul stopfen (Ps 107,42)
- ein Lästermaul (Spr 4,24)
- ein Nimmersatt (Koh 1,8)
- Wer anderen eine Grube gräbt, fällt selbst hinein (Sir 27,26)
- da stehen einem die Haare zu Berge (Sir 27,14)
- ein Auge auf jemanden werfen (Dan 13,9)
- sein Licht unter einen Scheffel (Eimer) stellen (Mt 5,15)
- ein Wolf im Schafspelz (Mt 7,15)
- viele Talente haben (Mt 18,24)
- seine Hände in Unschuld waschen (Mt 27,24)
- ein ungläubiger Thomas (Joh 20,24 ff.)
- ein Buch mit sieben Siegeln (Offb 5,1)

1 Wähle aus den 25 abgedruckten Redewendungen aus der Bibel sechs Sprüche aus und schreibe sie auf. Gib auch die „Fundstellen" an und erläutere die Aussagen der Redewendungen mit eigenen Worten.

Beispiel	Redewendung	Biblische Fundstelle	Und was die Redewendung aussagen will
1			
2			
3			
4			
5			
6			

2 Die Bibel ist ein fester Teil unserer **Kultur**. Wo kommt die Bibel in deinem Leben vor – offen oder auch weniger sichtbar? Nenne Beispiele!

Natur ist die Welt, die uns vorgegeben ist. **Kultur** ist demgegenüber die Welt, wie sie vom Menschen gemacht ist. Dazu zählt das Rad, die Schrift, die Schule, aber auch die Rechtsordnung, der Staat, die Musik, die Sitten und Gebräuche, das Internet ...

3 In unserer Gesellschaft genießt die Bibel einen sehr unterschiedlichen Stellenwert. Welche **Bedeutung** hat die Bibel für dich? Erläutere deine Antwort!

1. Das Land

1 Fülle die Steckbriefe zu drei Gegenden im Land Israel zur Zeit Jesu aus. Lies dazu aufmerksam die Hinweise zu Galiläa, Samaria, Judäa (und Jerusalem) im Buch (→ ZdF S. 98–101) und betrachte die Karte „Das Land Israel zur Zeit Jesu" (→ ZdF S. 240 Karte II).

2 Vergleiche mit deiner Nachbarin/deinem Nachbarn die Steckbriefe und ergänzt eure Einträge.

3 Überlege zusammen mit deiner Nachbarin/ deinem Nachbarn: Welche Bedeutung könnte es für den christlichen Glauben haben, dass ...
(a) ausgerechnet Galiläa die Heimat des Evangeliums ist?

_____

_____

_____

_____

(b) Jesus ausgerechnet zu Menschen aus Samaria unbefangen Kontakt hatte?

_____

_____

_____

_____

(c) Jesus – so erzählt es das Evangelium nach Lukas (Lk 2,1-7, → ZdF S. 122) – ausgerechnet in Betlehem (also in Judäa) geboren worden ist?

_____

_____

_____

_____

(d) Jesus ausgerechnet in Jerusalem gefangen genommen, verhört, verurteilt und schließlich gekreuzigt worden ist?

_____

_____

_____

_____

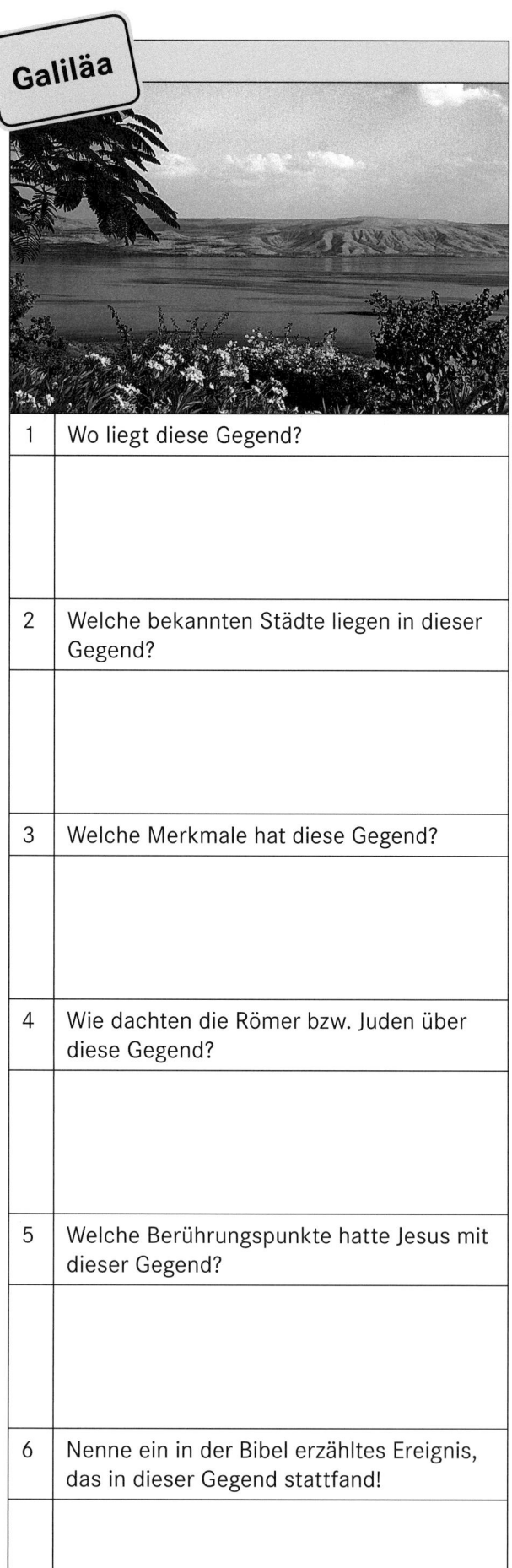

Galiläa

1	Wo liegt diese Gegend?
2	Welche bekannten Städte liegen in dieser Gegend?
3	Welche Merkmale hat diese Gegend?
4	Wie dachten die Römer bzw. Juden über diese Gegend?
5	Welche Berührungspunkte hatte Jesus mit dieser Gegend?
6	Nenne ein in der Bibel erzähltes Ereignis, das in dieser Gegend stattfand!

Samaria

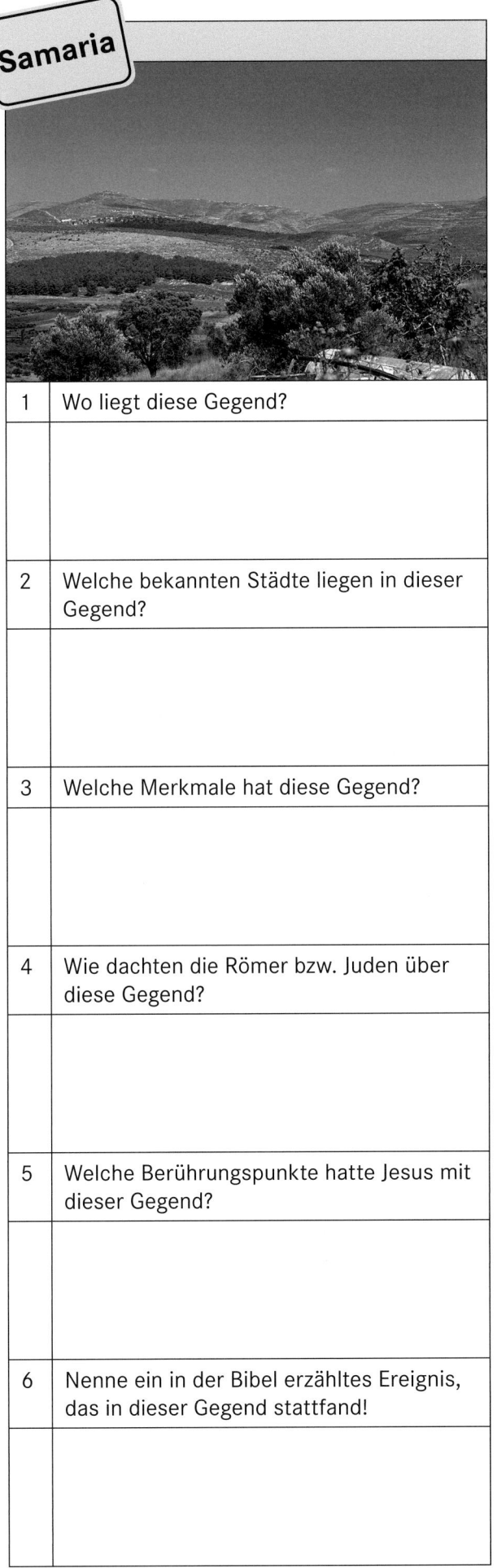

1	Wo liegt diese Gegend?
2	Welche bekannten Städte liegen in dieser Gegend?
3	Welche Merkmale hat diese Gegend?
4	Wie dachten die Römer bzw. Juden über diese Gegend?
5	Welche Berührungspunkte hatte Jesus mit dieser Gegend?
6	Nenne ein in der Bibel erzähltes Ereignis, das in dieser Gegend stattfand!

Judäa und Jerusalem

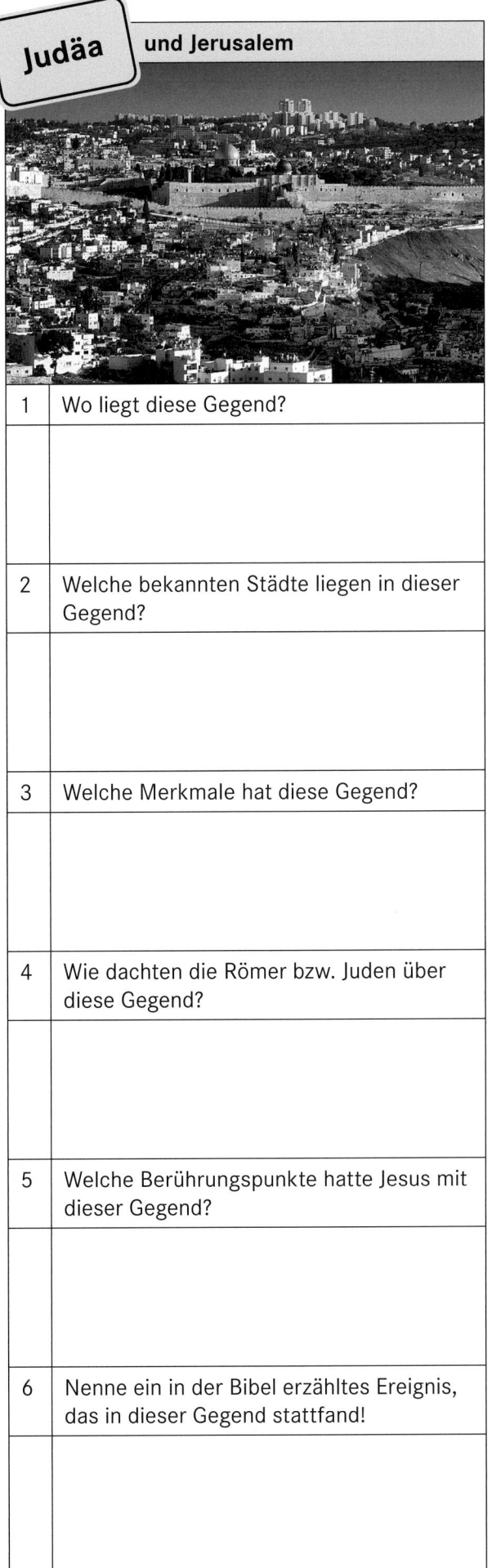

1	Wo liegt diese Gegend?
2	Welche bekannten Städte liegen in dieser Gegend?
3	Welche Merkmale hat diese Gegend?
4	Wie dachten die Römer bzw. Juden über diese Gegend?
5	Welche Berührungspunkte hatte Jesus mit dieser Gegend?
6	Nenne ein in der Bibel erzähltes Ereignis, das in dieser Gegend stattfand!

2. Das Volk

Die **Pharisäer** (→ ZdF S. 106–107), **Sadduzäer** (→ ZdF S. 108), **Zeloten** (→ ZdF S. 109) und **Zöllner** (→ ZdF S. 109) bildeten zur Zeit Jesu in Israel wichtige Gruppierungen. Ihre Ansichten und Lebensweisen, aber auch ihr Verhältnis zu Jesus waren dabei sehr verschieden.

1 Schneide das Mittelblatt und die 28 Begriffe aus.

2 Ordne dann die 28 Begriffe den Gruppierungen zu, überlege dir jeweils eine sinnvolle Reihenfolge und klebe sie schließlich in die Tabellen ein.

3 Erläutere jeweils, was der Begriff mit der entsprechenden Gruppierung zu tun hat.

Pharisäer	
Begriff	Erläuterung
1.	
2.	
3.	
4.	
5.	
6.	
7.	

Sadduzäer	
Begriff	Erläuterung
1.	
2.	
3.	
4.	
5.	
6.	
7.	

Abgesonderte

Auferstehung der Toten

bei Juden unbeliebt

beim Volk verhasst

Dolchleute

einfaches Volk

falsche Gewichte

Freiheitskämpfer

Galiläa

gegen Gewalt

Gewalt

Heiliges Land

Höchstgebot

Jerusalem

keine Steuern

Lehrer

Oberschicht

Pacht(gebühr)

Priester

reich und arm

Steuereintreiber

Synhedrium

Tora

unrein

wilde Kämpfer

Zadok

Zehnten

Zusammenarbeit mit Römern

Zeloten	
Begriff	Erläuterung
1.	
2.	
3.	
4.	
5.	
6.	
7.	

Zöllner	
Begriff	Erläuterung
1.	
2.	
3.	
4.	
5.	
6.	
7.	

4 Wie stand **Jesus** zu diesen Gruppierungen? Begründe deine Antworten.

Jesus und die Pharisäer	Jesus und die Zeloten	Jesus und die Sadduzäer	Jesus und die Zöllner

3. Personen um Jesus – Maria

Das Neue Testament erzählt nicht viel von Maria, der Mutter Jesu. Hier findest du eine Auswahl von Bibelversen über sie.

1 Trage die Lösungswörter in die Kästchen des Kreuzworträtsels ein (Ä = AE; Ü = UE).

2 In den grauen Feldern erhältst du das Gesamtlösungswort. Gesucht wird der Name eines Festtages, der auch zu den Marienfesten gezählt wird (25. März).

1. Maria war mit Josef … (Mt 1,18)
2. Als seine … Jesus sahen, riefen sie: „Kind, wie konntest du uns das antun?" (Lk 2,48)
3. Danach zog Jesus mit seiner Mutter, seinen Brüdern und seinen Jüngern nach … hinab. (Joh 2,12)
4. Bei dem … Jesu standen seine Mutter und die Schwester seiner Mutter. (Joh 19,25)
5. Als die drei Sterndeuter Maria und das Kind sahen, fielen sie nieder und … ihm. (Mt 2,11)
6. Sein Vater und seine Mutter staunten über die Worte, die über … gesagt wurden. (Lk 2,33)
7. Als Jesus seine Mutter und seinen Lieblingsjünger bei ihr sah, sagte er: „Frau, siehe, dein … !" (Joh 19,26)
8. Nach einigen Tagen machte Maria sich auf den Weg ins Bergland von … (Lk 1,39)
9. „Heißt nicht seine Mutter Maria und sind nicht Jakobus, Josef, … und Judas seine Brüder?" (Mt 13,55)
10. Sie verharrten dort einmütig im … , zusammen mit den Frauen und mit Maria, der Mutter Jesu. (Apg 1,14)
11. Da stand Josef auf und floh mit dem Kind und dessen … nach Ägypten. (Mt 2,14)
12. Als seine Eltern alles getan hatten, was das Gesetz des Herrn vorschrieb, kehrten sie nach … zurück. (Lk 2,39)
13. Im sechsten Monat der Schwangerschaft Elisabets wurde der Engel … nach Nazaret zu Maria gesandt. (Lk 1,26 f.)
14. „Fürchte dich nicht, Maria, du hast vor Gott … gefunden." (Lk 1,30)
15. Maria konnte wegen der vielen … nicht zu ihrem Sohn gelangen. (Lk 8,19)
16. Die Hirten eilten zum Stall und fanden Maria, … und das Kind. (Lk 2,16)
17. In Kana in Galiläa fand eine … statt und die Mutter Jesu war dabei. (Joh 2,1)
18. In Betlehem kam für Maria die Zeit ihrer … und sie gebar einen Sohn. (Lk 2,6)
19. Seine Mutter bewahrte alles, was geschehen war, in ihrem … (Lk 2,51)
20. Als Jesus mit den Leuten redete, standen Maria und seine … vor dem Haus. (Mt 12,46)
21. Maria blieb etwa drei … bei Elisabet und kehrte dann nach Hause zurück. (Lk 1,56)

3. Personen um Jesus – Petrus

1 Fülle den Lückentext zum Thema „Die Jünger und die Zwölf" aus. Trage dazu die 30 Begriffe in der richtigen Reihenfolge in die freien Felder ein. Aber Achtung: Nicht alle Begriffe kannst du wörtlich im Buch nachschlagen – hier und da musst du also gut überlegen oder vielleicht auch geschickt kombinieren. – Ein **Tipp:** Zuerst mit einem Bleistift arbeiten!

> Geheimlehre, Himmelreich, Hand, Öffentlichkeit, Zuversicht, kleinen Leute, Nachfolge, Ausgestoßenen, Päpste, froh, Kerngruppe, Nero, Rom, Zwölf, Andreas, Paulus, Legende, Streit, Christenverfolgung, Zweifel, Ausbreitung, Juni, Ängstlichkeit, gemeinsam, Petrus, wechselhafter, Fischer, Gennesaret, Fels, Begeisterung

Jesus hat keine _____ verbreitet. Er wandte sich mit seiner Botschaft an die _____.

Viele hörten und sahen, was er sagte und tat. Vor allem die _____ spürten, dass Jesus ein Herz

für die Armen, Kranken und _____ hatte. Seine Botschaft machte _____ und gab

neue _____.

Schon bald nach dem ersten öffentlichen Auftreten Jesu entstand eine _____, die sich um Jesus

scharte. In der Bibel heißen sie oft nur „die _____". Wir wissen nicht viel über die einzelnen

Mitglieder dieser Gruppe, denn meist treten sie in der Bibel _____ auf.

Einer von ihnen hieß Simon. Vermutlich war er wie sein Bruder _____ von Beruf

_____ und lebte am See _____. Von Jesus erhielt er den Namen „_____",

das heißt übersetzt „_____". Er war ein _____ Mensch und Anhänger der Jesus-Be-

wegung. Nach großer _____ folgte bei ihm nicht selten noch größerer _____. Auch

seine manchmal allzu sicheren Worte und Versprechen schlugen schnell in _____ um.

Mit _____ geriet er in einen _____, von dem für die Kirche viel abhing. Für die

_____ der jungen Kirche hat Petrus viel getan.

Einer _____ zu Folge wurde Petrus im Rahmen der _____ durch den Kaiser

_____ mit dem Kopf nach unten gekreuzigt. Das soll sich um das Jahr 64 n. Chr. in

_____ ereignet haben.

Am 29. _____ wird alljährlich das Fest des Petrus begangen.

Die _____ sehen sich in seiner _____.

Auf vielen Bildern der Kunst trägt Petrus in seiner _____ symbolisch einen oder mehrere Schlüs-

sel, weil Jesus ihm die Schlüssel zum _____ versprochen hat.

2 Was heißt es, wenn Jesus gerade diesem wankelmütigen Petrus wichtige Aufgaben übertragen und zum „Chef der Jesusbewegung" ernannt hat?

_____

_____

_____

2. Auf neuen Wegen – Vier Reisen

Heute reisen wir wie selbstverständlich schnell und bequem auch in weit entfernte Länder. Billigflieger und Pauschalangebote locken zum Urlaub bei Strand, Sand und Sonne und das oft zu kleinen Preisen.
Zur Zeit des Paulus war das ganz anders. Weite Reisen stellten kein Vergnügen dar. Es war gefährlich und anstrengend, auf schlecht befestigten Wegen und mit unsicheren Schiffen unterwegs zu sein. Überfälle durch Räuber und Banditengruppen ereigneten sich tagein tagaus. Trotzdem unternahm **Paulus weite Reisen**, um an möglichst vielen Orten Jesus Christus und seine frohe Botschaft zu verkünden. Dabei hat er insgesamt ca. 16 000 Kilometer zurückgelegt (→ ZdF S. 156 ▢).

1 Notiere die **Reiserouten des Paulus**. Trage dazu die Städtenamen ein und fülle die kleinen Bildrahmen weiter aus! Eine Karte zu den vier Paulus-Reisen findest du hinten auf der Innenseite des Umschlags deines Religionsbuches (→ ZdF S. 241 Karte III).

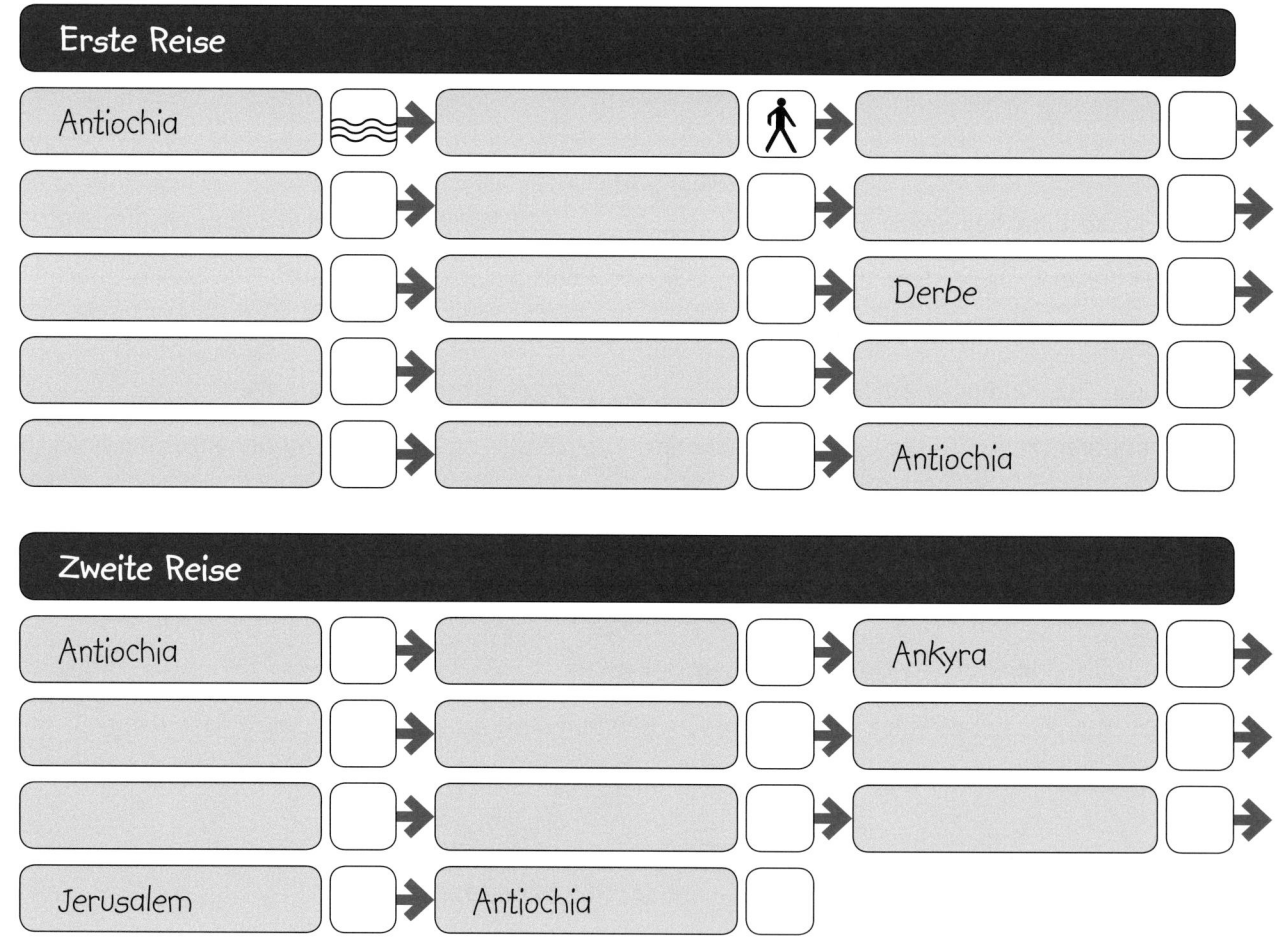

Erste Reise

Antiochia → ... → ...

... → ... → ...

... → ... → Derbe

... → ... → ...

... → ... → Antiochia

Zweite Reise

Antiochia → ... → Ankyra

... → ... → ...

... → ... → ...

Jerusalem → Antiochia

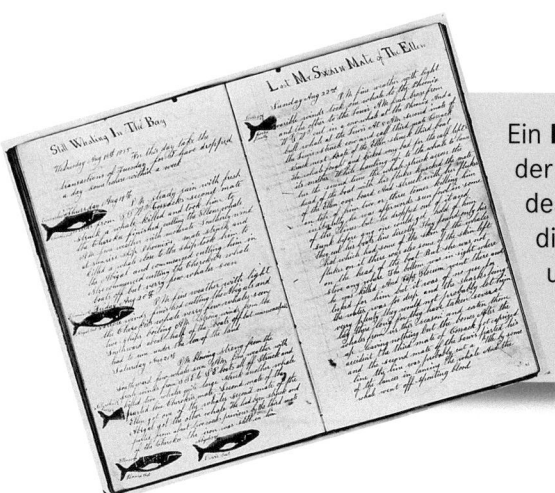

Ein **Logbuch** (von engl. „log" = [ursprünglich] Holzklotz) ist ein in der Seefahrt verwendetes Buch, indem alle wichtigen Ereignisse des Tages ähnlich einem Tagebuch aufgezeichnet werden. Dabei dient das Logbuch vor allem als Beweismittel, um bei Schiffsunglücken den Unfallhergang später nachvollziehen zu können. Heute dienen auf großen Schiffen GPS-unterstützte Online-Logbücher als „Schiffstagebücher".

Dritte Reise

Seleuzia ☐ ➜ ☐ ☐ ➜ ☐ ☐ ➜

☐ ☐ ➜ ☐ ☐ ➜ ☐ ☐ ➜

☐ ☐ ➜ ☐ ☐ ➜ ☐ ☐ ➜

☐ ☐ ➜ Beröa ☐ ➜ ☐ ☐ ➜

☐ ☐ ➜ ☐ ☐ ➜ ☐ ☐ ➜

☐ ☐ ➜ ☐ ☐ ➜ ☐ ☐ ➜

Milet ☐ ➜ ☐ ☐ ➜ ☐ ☐ ➜

☐ ☐ ➜ Jerusalem ☐

Vierte Reise

Jerusalem ☐ ➜ ☐ ☐ ➜ ☐ ☐ ➜

Malta ☐ ➜ ☐ ☐ ➜ Rom ☐

2 Wähle eine der vier Reisen aus und verfasse hierzu einen **Reisebericht in das Logbuch**. Nähere Informationen findest du im Buch (➜ ZdF S. 156–158). Schreibe in Ich-Form.

2. Auf neuen Wegen – Neue Ideen

Die Texte „Neue Ideen – Titus erzählt von Paulus" (→ ZdF S. 159) und „Paulus hat das Christentum auf neue Wege geführt" (→ ZdF S.159 ▣) deuten einen ersten Streit unter den jungen christlichen Gemeinden und seine Lösung an. Hiervon handeln auch die folgenden zwei Lehrtexte.

1 Schneide die zwei Lehrtext-Puzzle aus und klebe die Puzzleteile in der richtigen Anordnung jeweils in den dazugehörigen Lösungskasten.

Der erste bedrohliche Streit ...

... und seine Lösung

2 Lies deinen Text zur Kontrolle einmal vollständig durch und vergleiche dein Ergebnis mit dem Lösungstext auf der Lösungsseite (→ Arbeitsheft S. 46).

3 Was ist ein „guter Kompromiss"? Finde ein Beispiel aus deinem eigenen Leben.

4 Streit und Auseinandersetzungen gibt es auch heute in unserer Kirche und unseren Gemeinden. Sammle Streitthemen, von denen du gehört hast. Hast du eine Idee, wie man die Streitfälle lösen könnte? Notiere die Antworten zu 3–4 in deinem Religionsheft.

Der erste bedrohliche Streit …

auch Schwierigkeiten

aufeinander. Eine wichtige Frage ging damit einher:

dass alle Christen wie auch sie die jüdischen Speisegesetze, Sabbatruhe, usw.). Die

wollten nicht ihre jüdischen
Vorschriften einhalten sollten
Nichtjuden hatten hierfür aber wenig
sen und die Speisevorschriften

mit sich. Vielerorts stießen Juden und
Müssen Nichtjuden, die Christen

Die Juden, die sich auf den
Sie wünschten,
Jungen und Männern,

Gleichzeitig war
auf Dauer eine jüdische Randgruppe bleiben
also Nichtjuden, offen sein?

Wurzeln leugnen.
(Beschneidung bei
Verständnis. Sie fragten sich:
achten, wenn wir uns zu Jesus

»Warum müssen wir uns beschneiden las-
Eine Zerreißprobe

Die Ausweitung der Christengemeinden brachte
Nichtjuden („Heiden")

oder auch für Menschen
damit eine wichtige Entscheidung ver-
Christus bekennen wollen?«

bahnte sich für die jungen christlichen Gemeinden an.
bunden: Sollte die Gemeinde Jesu Christi
aus anderen Religionen und Völkern,

Namen Jesu Christi hatten taufen lassen
und Sitten befolgen? Der erste größere Konflikt zeichnete

sind oder werden wollen, die jüdischen Vorschriften
sich ab, bei dem viel auf dem Spiel stand.

… und seine Lösung

Ein guter Kompromiss war gefunden,
Damit hatte sich des Paulus neue Idee weitgehend
sollte Christ werden können,

Christus bekehren, keine Vorschriften aufzuerlegen.
Menschen und Völker Gott suchen sollen.
bekannten Propheten, die bereits vor vielen

Um diesen Streitpunkt beizulegen,
einzuberufen. Die Apostel und die
schließlich der Apostel Jakobus,

beschlossen die Apostel,
Ältesten der Jerusalemer Gemeinde
indem er eine überzeugende Rede hielt.

hundert Jahren gesagt hatten,
Darum hielt Jakobus es für richtig,
Zugleich sollten sie aber

wichtige jüdische Gesetze zu achten.
in den Gemeinden ermöglichte.
taufen ließ und an Jesus glaubte,

dass nach dem Willen Gottes alle
den Nichtjuden, die sich zu Jesus
angehalten werden, einige

der ein ungestörtes Zusammenleben
durchgesetzt: Jeder, der sich
egal ob er vorher Jude oder Nichtjude war.

eine Kirchenversammlung („Konzil") in Jerusalem
diskutierten lange. Den Ausschlag gab
Er argumentierte mit Worten von

3. Der Lehrer des Glaubens

Später schrieb Paulus auch **Briefe an die neu gegründeten Gemeinden** (→ ZdF S. 160 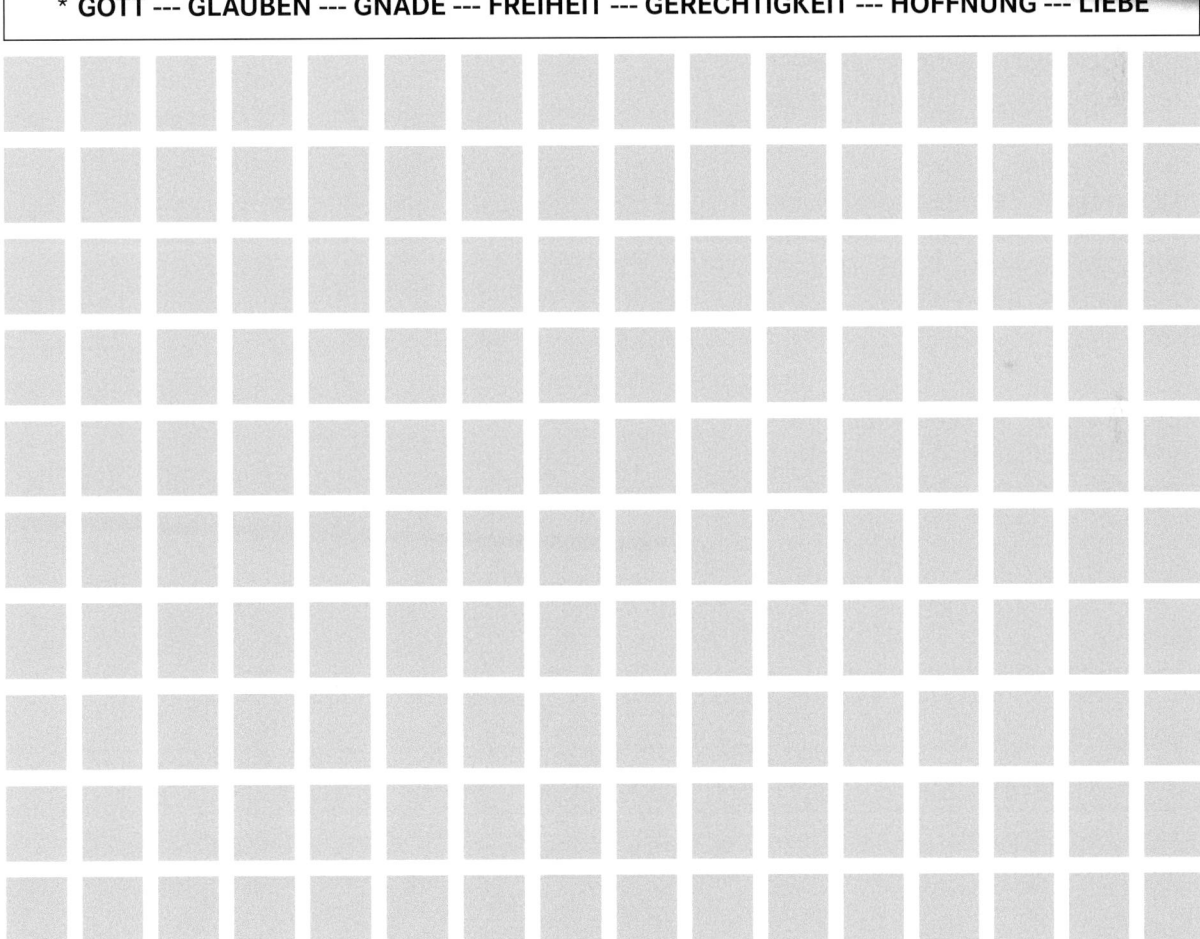). In ihnen erinnerte und ermutigte er die Menschen, im christlichen Glauben standhaft zu bleiben.
Die Briefe brauchten mit der staatlichen Post oft viele Wochen, um beim Empfänger anzukommen.
Heute ist es dagegen kein Problem, Botschaften in Sekunden per e-mail, twitter, facebook oder sms in die ganze Welt zu verschicken.
Stelle dir vor, Paulus würde heute leben und von weit her eine **sms an deine Ortsgemeinde schicken**.
Was würde Paulus ansprechen, wenn er deiner Gemeinde heute schreiben würde? Woran würde er sie erinnern? Wie würde Paulus sie für den christlichen Glauben neu begeistern wollen?

1 Verfasse im Namen des Paulus eine sms an deine Ortsgemeinde. Du kannst, wenn du möchtest, eine „Kleine Kostprobe" oder eines der fettgedruckten Schlagwörter* (→ ZdF S. 160) als Grundlage verwenden. Überlege genau, was du sagen möchtest, denn du hast nur 160 Zeichen frei. Schreibe die sms in großen Druckbuchstaben.

Fasse dich kurz: Die maximale Anzahl an Zeichen für eine **sms**-Nachricht beträgt in der Regel 160 Zeichen. Wenn du eine längere Nachricht schreibst, wird diese – je nach Länge – in zwei oder mehr sms aufgeteilt und dementsprechend berechnet!

* GOTT --- GLAUBEN --- GNADE --- FREIHEIT --- GERECHTIGKEIT --- HOFFNUNG --- LIEBE

2 Was würdest du deiner Gemeinde in deinem eigenen Namen schreiben? Notiere eine sms in deinem Heft. Vielleicht hast du den Mut, eine echte sms mit diesem Text an deinen Pfarrer, Kaplan, Diakon, Gemeinde-/Pastoralreferent(in) oder Religionslehrer(in) zu schicken

2. Weltweite Kirche

Egal, ob du mit dem **Thema „Kirche"**
vertraut bist oder nicht – sicher fällt dir
zu diesem Begriff spontan eine ganze
Menge ein!

1 Führe ein **„Brainstorming"** zum
Begriff „Kirche"
durch.
Schreibe dazu
kreuz und
quer in den
Kasten!

> Ein **Brainstorming** ist ein „Ideen-
> sturm". Hierbei schreibst du
> spontan alles zu einem Stichwort
> auf, was dir einfällt.

2 Vergleiche mit deiner Nachbarin/
deinem Nachbarn die Begriffe.
Markiert die gemeinsamen und
sprecht über die verschiedenen.

3 Überlegt, welche eurer gesammel-
ten Begriffe für eure Vorstellung von
Kirche wichtig und welche eher
unwichtig sind.
Übertragt 12 Begriffe in die Felder
des Kreisbildes – jeweils drei in ein
Kreisfeld: Wichtiges in die Nähe der
Kirche und weniger Wichtiges weiter
weg!

4 Begründet die Wahl eurer Begriffe
und die Bedeutung, die ihr ihnen
zuweist.

Stichwort „Kirche"

Im **inneren Kreisfeld** stehen _____ ,

weil _____

_____ .

Im **mittleren Kreisfeld** stehen _____ ,

weil _____

_____ .

Im **äußeren Kreisfeld** stehen _____ ,

weil _____

_____ .

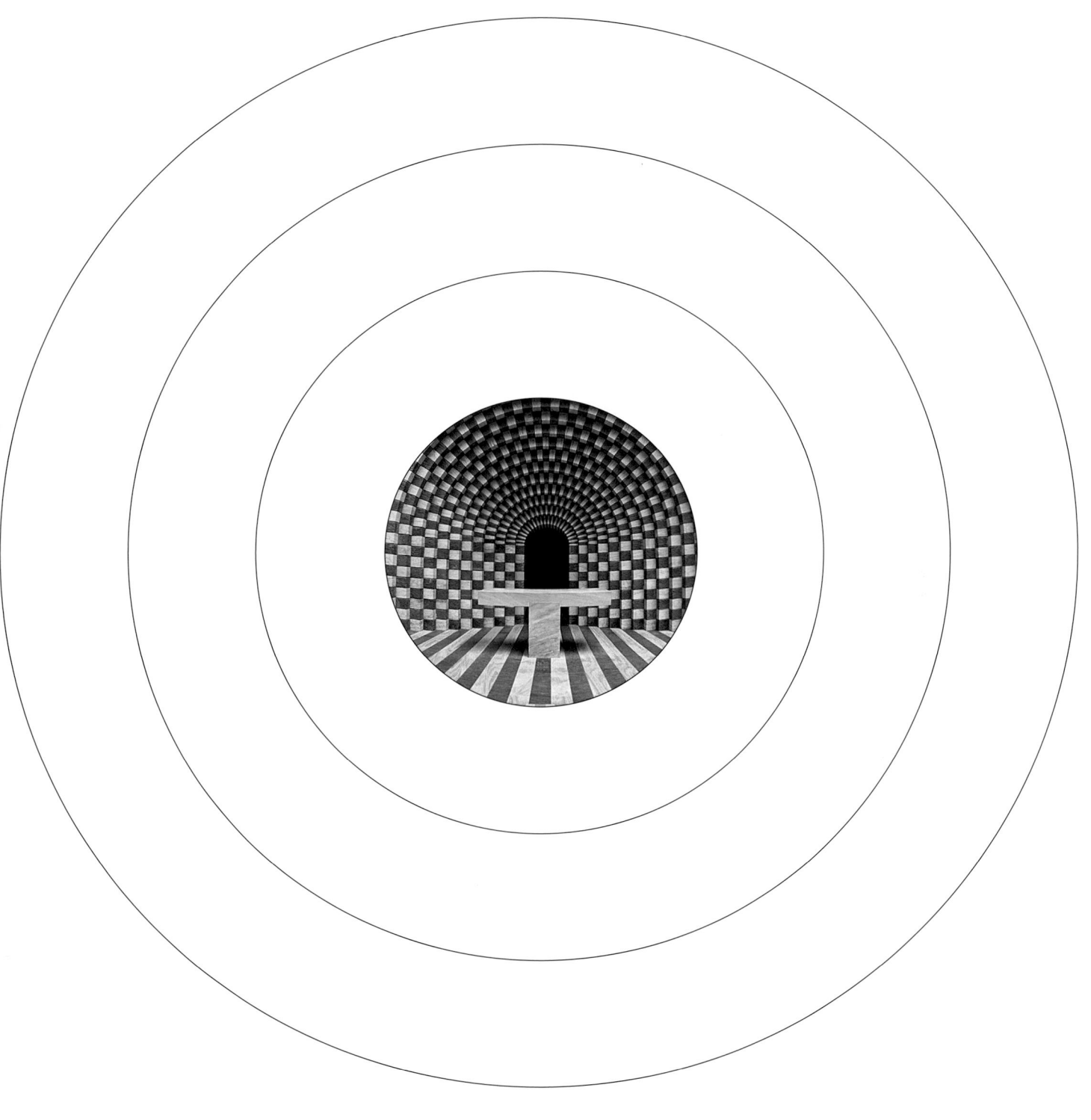

5 Vergleicht eure Einträge in den Kreisfeldern untereinander in der Klasse und sprecht über Übereinstimmungen und Unterschiede.

5. Das Kirchenjahr und seine Feste

Das Jahr, wie es die Kirche begeht, heißt Kirchenjahr. Es ist eine festgelegte Abfolge von Feiertagen und Festen.

1 Welche dieser „besonderen Tage" kennst du? Tausche dich mit deiner Nachbarin/deinem Nachbarn aus. Könnt ihr gemeinsam alle erklären?

2 Welche Feste und Feiern gehören zum Kirchenjahr, welche nicht? Streiche die aus, die nicht dazu gehören.

Pfingsten	Tag der Deutschen Einheit	Advent	Fronleichnam	Sonnenwende
Ostersonntag	Karneval	Karfreitag	Aschermittwoch	Muttertag
Tag der Menschenrechte	Tag der Arbeit	Weihnachten	Vatertag	Christi Himmelfahrt
Silvester	Halloween	Tag des Buches	Erscheinungsfest	Luthers Geburtstag
Fastenzeit	Neujahr	Valentinstag	Reformationstag	Buß- und Bettag

3 In Deutschland ist in den vergangenen Jahren vor allem ein Fest sehr beliebt geworden: Halloween. Dabei stellen sich viele Menschen immer wieder die Frage, ob Halloween christliche Wurzeln hat oder nicht. Die Antwort verrät dir der folgende Lückentext. Trage dazu die 12 Begriffe in die richtigen Felder ein. **Tipp:** Zuerst mit einem Bleistift arbeiten!

> Bettler   Wurzeln   Form   Seelen
> trick or treat   christliche   Deutschland   katholischen
> Kassen   Allerheiligen   europäische   Karnevals-Industrie

Das Halloween-Fest, das immer mehr Kinder und junge Leute am 31. Oktober in gruseligen Kostümen feiern, hat uralte _____ Wurzeln. Es wurde von irischen Auswanderern im 19. Jahrhundert in die USA gebracht, wo das Fest allmählich seine heutige _____ annahm. Nach _____ kam Halloween erst nach 1945 aus Amerika. Eine besondere Blüte erlebt es in Deutschland, seit es die _____ Anfang der 1990er Jahre entdeckte. Der Name Halloween leitet sich her vom englischen „All Hallows' Eve(ning)", dem Vorabend von _____. Am 1. November wird in der _____ Kirche der gestorbenen Heiligen, am Tag darauf, Allerseelen, aller Verstorbenen gedacht. Der inzwischen auch in Deutschland weit verbreitete Brauch der Kinder, mit den Worten „_____" (Süßes – sonst gibt es Saures) durch die Straßen zu ziehen und an Haustüren zu klingeln, geht auf eine frühe _____ Tradition aus dem Irland des 11. Jahrhunderts zurück. Am Allerseelentag wurden damals kleine Brote mit Johannisbeeren, „Seelenkuchen", an _____ verteilt, die dafür versprachen, für die _____ von Verstorbenen zu beten. Von den religiösen _____ ist inzwischen allerdings kaum mehr etwas zu spüren. Vielmehr stehen geschäftliche Interessen im Vordergrund. Geschätzte 160 Millionen Euro pro Jahr soll Halloween inzwischen in die _____ von Kostümshops, Süßwaren-Produzenten, Getränkeherstellern und Gaststätten spülen.

6. Juden und Muslime feiern – Pessach

Zur **Erinnerung an die Befreiung aus der Sklaverei in Ägypten** feiern die Juden bis heute jedes Jahr im Frühling eine Woche lang das „Pessachfest" (→ ZdF S. 198). Das Fest beginnt mit dem **„Sederabend".** Dieser Abend läuft nach einer fest vorgegebenen Ordnung ab. Eine wichtige Rolle spielt an diesem Abend der **„Sederteller";** ein Teller auf dem viele symbolische Speisen liegen:

 **A** Bitterkraut
Das so genannte **Bitterkraut** ist eine Meerettichwurzel oder Huflattich. Beim Sedermahl wird es in das Fruchtmus (Charosset) eingetaucht und dann gegessen.

 **B** Grünes Kraut (Karpas)
Das **Grüne Kraut** ist Petersilie, Sellerie und Salat. Während der Sederfeier werden die Kräuter in das Salzwasser eingetaucht und gegessen.

 **C** Salzwasser
Auf dem Sederteller steht ein kleines Schälchen mit **Salzwasser:** (Es sollte möglichst viel Salz im Wasser aufgelöst werden.)

 D Ei
Das hartgekochte **Ei** wird während des Sedermahles nur angesehen.

 **E** Lammknochen
Beim Sedermahl wird der gebratene **Lammknochen,** dessen Fleisch vorher entfernt wurde, nur angesehen.

 **F** Fruchtmus (Charosset)
Das **Fruchtmus** wird aus Äpfeln, Nüssen, Zimt, braunem Zucker, Rosinen und ein wenig Rotwein (roter Traubensaft) hergestellt. Beim Sedermahl wird es zusammen mit dem Bitterkraut gegessen.

1 … erinnert an den Lehm, aus dem die Ziegelsteine für die Vorratsstädten geformt werden mussten.

2 … erinnert an die schwere, bittere Zeit der Sklaverei in Ägypten.

3 … ist das Zeichen für die Trauer über die Zerstörung des Tempels in Jerusalem.

4 … ist das Zeichen für die Hoffnung und erinnert an die Früchte des neuen Landes.

5 … erinnert daran, wie salzig die Tränen der Unterdrückten waren.

6 … erinnert an das Lamm, das beim Auszug aus Ägypten und später im Tempel geschlachtet wurde.

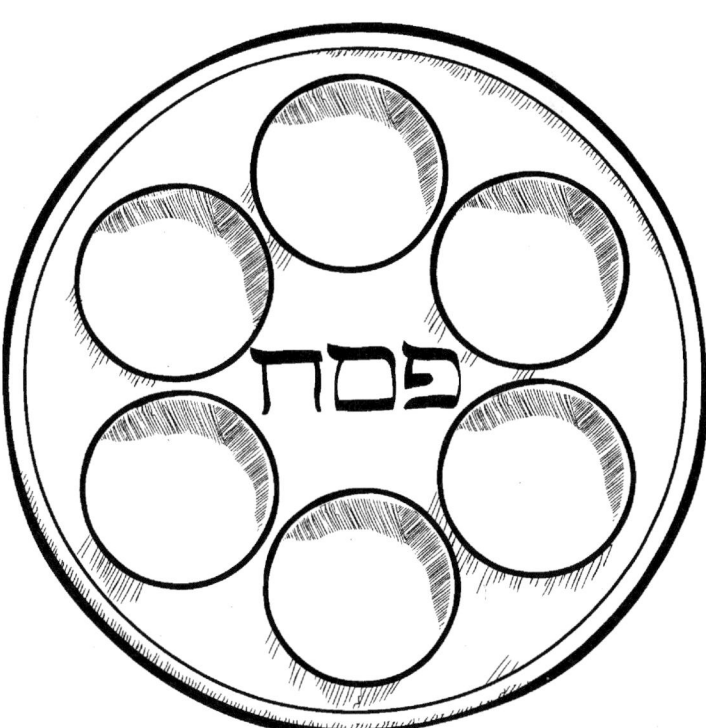

1 Ordne den Speisen ihre **symbolische Bedeutung** zu. Notiere dazu neben jeden Buchstaben die passende Zahl. Im Buch findest du dazu viele wichtige Hinweise (→ ZdF S. 198), aber nicht alle. Die restlichen Informationen musst du dir selbst überlegen oder erschließen.

A ☐   **B** ☐   **C** ☐   **D** ☐   **E** ☐   **F** ☐

2 Zeichnet die sechs symbolischen Speisen in den Sederteller hinein und malt ihn aus.

3 Das Pessachfest erinnert die Juden daran, dass Gott ihre Vorfahren aus der Sklaverei in Ägypten befreit hat. Es gibt ein bekanntes Spiritual, das von diesem Auszug der Israeliten aus Ägypten handelt:
„When Israel was in Egypt's land"
Wollt ihr das Lied singen? Die Noten findet ihr im Buch (→ ZdF S. 68)!

1. Eine große Religion

Beantworte stichwortartig die folgenden acht Fragen zu den Texten im Buch (→ ZdF S. 216).

1 Was heißt das arabische Wort „Islam" wörtlich übersetzt?

_____

_____

2 An welcher Stelle steht der Islam in der Größenordnung im Vergleich der Religionen?

_____

_____

3 Wie heißt die größte und zweitgrößte Gruppierung innerhalb des Islam?

_____

_____

4 Warum nennen sich die Anhänger des Islam selbst nie „Mohammedaner"?

_____

_____

5 Was ist eine Moschee?

_____

_____

6 Was ist ein Minarett?

_____

_____

7 Was ist die Aufgabe des Muezzin?

_____

_____

8 Liste vier uns bekannte Wörter und Sachen auf, die von den Muslimen zu uns gekommen sind.

_____

_____

_____

2. Mohammed – Der Prophet

Ein Vergleich von Jesus und Mohammed zeigt Gemeinsamkeiten und Unterschiede auf. Ordne die Begriffe Jesus/Mohammed zu, indem du sie in die passende Tabellenspalte schreibst. Müssen manche Begriffe vielleicht rechts und links eingetragen werden? Erkläre auch (möglichst mit einem Stichwort), was die einzelnen Begriffe mit Jesus bzw. Mohammed zu tun haben.

Abraham   Ali   Berg Hira   Chadidja   Engel
Aischa   Araber   Christentum   Gekreuzigter
Islam   Kaaba   Maria   Mekka   Nazaret
Medina
letzter Prophet
Pessachmahl
Ölberg   Petrus   Sohn Gottes
Tempel   Vorbild
Staatsmann   universale Religion

Begriff	Erklärung
Abraham	Vorfahr

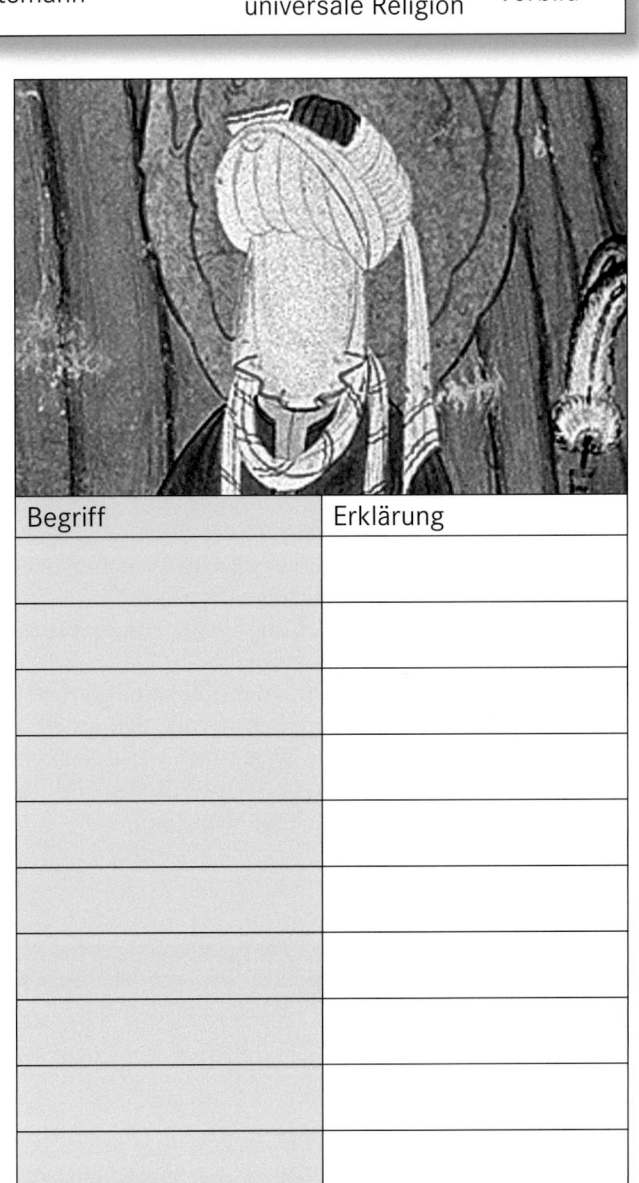

Begriff	Erklärung

3. Allah und der Koran – Bibel und Koran

1 Was erfährst du in dem Gespräch zwischen Pascal und Fatima (→ ZdF S. 220: „Eine muslimische Schülerin und der Koran") und dem Lexikonartikel (→ ZdF S. 220🔲) über Allah und den Koran. Liste auf! Bearbeite die Aufgabe im Religionsheft.

2 Welche Begriffe gehören zur Bibel, welche zum Koran? Trage ein „B" für **Bibel** bzw. ein „K" für **Koran** in das Feld ein.

1	**Menschenwort**		8	**Mohammed**	
2	**Sure**		9	**Gottes Wort**	
3	**Allah**		10	**Gott Vater**	
4	**73**		11	**Arabisch**	
5	**Jesus**		12	**114**	
6	**Hebräisch/Griechisch**		13	**Evangelium**	
7	**99 Namen Gottes**		14	**Psalm**	

3 Nicht nur in der Bibel, sondern auch im Koran wird von der Geburt Jesu erzählt. Vergleiche den Koran-text über die Geburt Jesu mit der biblischen Geburtsgeschichte (→ ZdF S. 122). Welche Gemeinsamkeiten und Unterschiede fallen dir auf? Trage deine Beobachtungen in die Tabelle ein.

> Gedenke auch im Koran der Maria. Da sie sich von ihren Angehörigen an einen Ort Richtung Osten zurückzog, … da sandten wir unseren Engel zu ihr. Der Engel erschien ihr als vollkommener Mann. …
>
> Der Engel sprach: „Ich bin nur der Gesandte deines Herrn, um dir einen reinen Knaben zu bescheren."
>
> Maria sprach: „Wie soll ich einen Knaben bekommen, wo mich kein Mann berührt hat und ich keine Dirne bin?"
>
> Der Engel sprach: „Also sei es! Denn gesprochen hat dein Herr: ‚Das ist mir ein Leichtes' … Es ist eine beschlossene Sache."
>
> Und so empfing Maria den Knaben und zog sich mit ihm an einen entlegenen Ort zurück. … Maria brachte ihn zu ihrem Volk, den Juden …
>
> Die Juden sprachen: „Wie sollen wir mit einem Kind in der Wiege reden?"
>
> Jesus sprach aber in der Wiege: „Ich bin Allahs Diener. Allah hat mir die Bibel gegeben. Er macht mich zum Propheten. …"
>
> (nach Sure 19,16-35)

Die Geburt Jesu in der Bibel und im Koran – ein Vergleich	
Diese Gemeinsamkeiten beobachte ich:	Diese Unterschiede beobachte ich:

3. Allah und der Koran – Jesus im Koran

Auch Jesus wird verschiedentlich im Koran erwähnt. Hier findest du eine Auswahl von sechs
Stellen aus dem Koran, die von Jesus sprechen:

Da sprach Jesus, der Sohn der Maria: „O ihr Juden, seht, ich bin Allahs Gesandter an euch.
Ich bestätige die Thora [5 Bücher Mose], die vor mir war. Ich verkündige einen Gesandten,
der nach mir kommen soll und dessen Name Mohammed ist."

(nach Sure 61,6)

Allah wird Jesus den Koran lehren und die Weisheit und die Tora und das Evangelium.
Er wird Jesus zu den Juden entsenden. Jesus wird sprechen: „… siehe, Allah ist mein Herr und
euer Herr, drum dienet ihm. Dies ist ein rechter Weg."

(nach Sure 3,48-51)

Überschreitet nicht euern Glauben und sprecht von Allah nur die Wahrheit. Der Messias Jesus, der
Sohn der Maria, ist der Gesandte Allahs. So glaubt an Allah und an seinen Gesandten Jesus …
Niemals ist der Messias Jesus zu stolz, ein Diener Allahs zu sein.

(nach Sure 4,171-172)

Woher sollte Allah, der Schöpfer des Himmels, ein Kind haben? Er hat doch keine Gefährtin?
Allah hat jedes Ding erschaffen und kennt jedes Ding.

(nach Sure 6,101)

Sie ermordeten Jesus nicht und kreuzigten ihn auch nicht, sondern einen, der ihm ähnlich war …
Sie wissen nichts von Jesus, sondern folgen nur Meinungen. In Wirklichkeit töteten sie Jesus nicht.
Sondern Allah erhöhte Jesus zu sich.

(nach Sure 4,157-158)

Diejenigen sind ungläubig, die sprechen: „Siehe, Allah, das ist der Messias Jesus." …
Der Messias Jesus, der Sohn der Maria, ist nichts anderes als ein Prophet Allahs.

(nach Sure 5,72-75)

1 Im Gegensatz zum christlichen Glauben wird Jesus im Koran nicht als „Sohn Gottes" anerkannt. Finde
Verse, die dies belegen.

_____

_____

2 Welche Bedeutung hat Jesus aber dann im Koran?

_____

_____

3 Fallen dir weitere Unterschiede zum Thema „Jesus" auf, wenn du den christlichen Glauben mit dem
Koran vergleichst?

_____

_____

4. Die fünf Säulen

Die „fünf Säulen" des Islam sind fünf besonders wichtige **Pflichten**.
In ihnen verwirklichen die Muslime ihre Hingabe (= arabisch: „Islam") an Gott.

1 Sortiere den „Wörtersalat". Trage dazu die Begriffe in die richtigen Säulen ein.

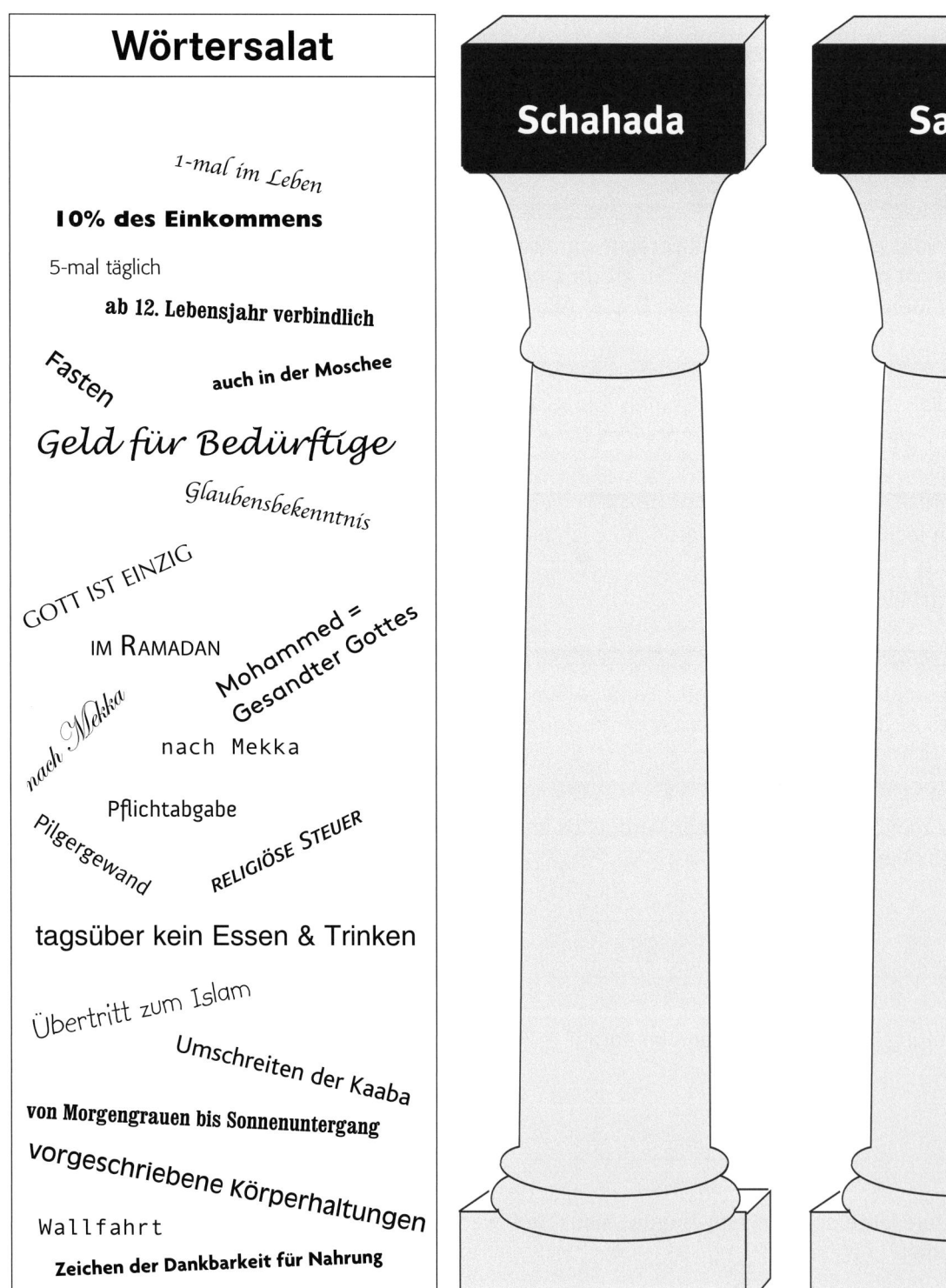

Wörtersalat

1-mal im Leben

10% des Einkommens

5-mal täglich

ab 12. Lebensjahr verbindlich

Fasten

auch in der Moschee

Geld für Bedürftige

Glaubensbekenntnis

GOTT IST EINZIG

IM RAMADAN

nach Mekka

Mohammed = Gesandter Gottes

nach Mekka

Pflichtabgabe

Pilgergewand

RELIGIÖSE STEUER

tagsüber kein Essen & Trinken

Übertritt zum Islam

Umschreiten der Kaaba

von Morgengrauen bis Sonnenuntergang

vorgeschriebene Körperhaltungen

Wallfahrt

Zeichen der Dankbarkeit für Nahrung

Schahada

Salat

2 Wähle eine der fünf Säulen aus und verfasse mit eigenen Worten einen Artikel für ein Kinderlexikon zu diesem Stichwort. Schreibe den Lexikonartikel in dein Heft.

3 Auf welchen „Säulen" steht das Christentum? Und wie viele sind es für dich?
Male Säulen in dein Heft. Versieh sie mit Überschriften und trage dazu passend wichtige Begriffe in die Säulen ein.

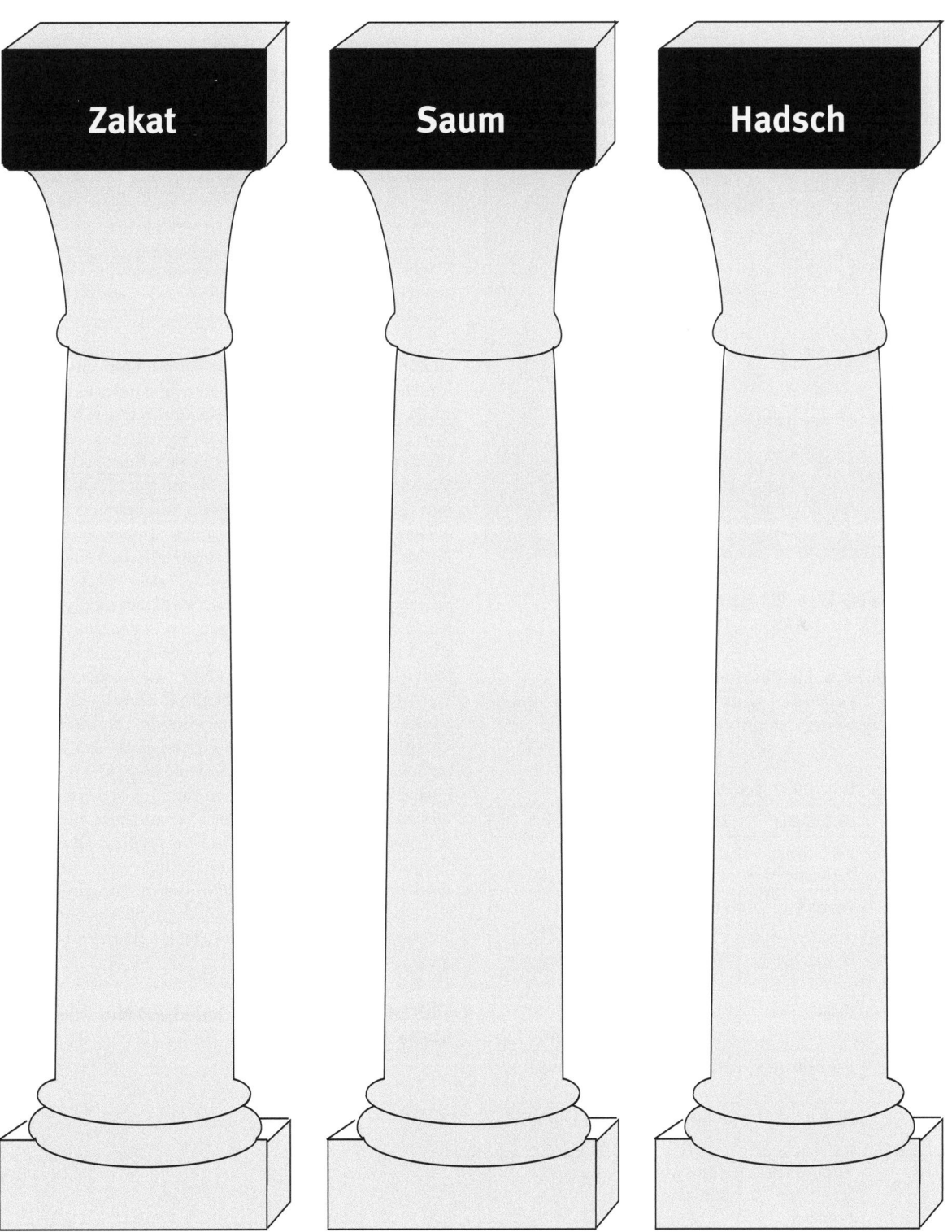

● **zu ZdF Seite 22–23: 5. Kinderrechte – Kinderpflichten**

Wortsalat: Was Kinder brauchen

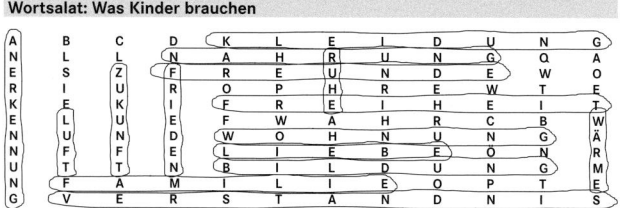

● **zu ZdF Seite 30–31: 1. Das Buch der Bücher**

1. c); 2. b); 3. b); 4. c); 5. c); 6. b); 7. c); 8. b); 9. b); 10. b); 11. a); 12. c); 13. c); 14. a); 15. b); 16. b); 17. b); 18. c); 19. b); 20. c)

● **zu ZdF Seite 32–33: 2. Eine ganze Bibliothek**

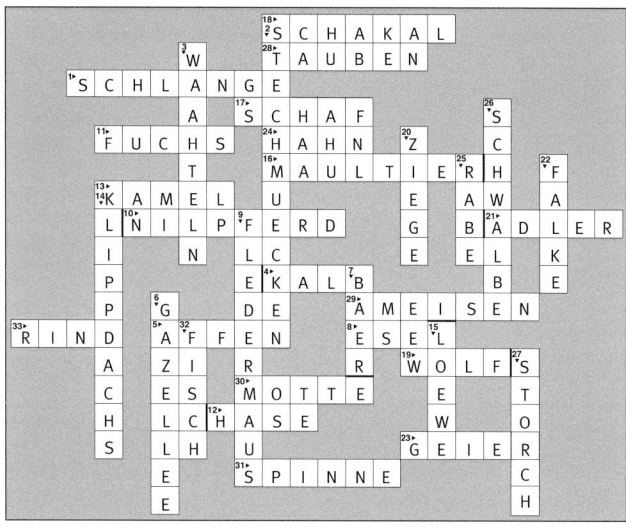

● **zu ZdF Seite 36–37: 4. Ein kostbarer Fund**
Lösungswort: **J E S A J A R O L L E**

● **zu ZdF Seite 39: 6. Ein Geschenk des Himmels**
Tipp zu **4**: Im L-Kasten der zweite Punkt. Der Engel übernimmt im Bild die Aufgabe des Heiligen Geistes.

● **zu ZdF Seite 106–109: 2. Das Volk**

Pharisäer	Sadduzäer	Zeloten	Zöllner
Abgesonderte	beim Volk verhasst	Dolchleute	bei Juden unbeliebt
Auferstehung der Toten	Jerusalem	Freiheits-kämpfer	falsche Gewichte
einfaches Volk	Oberschicht	Galiläa	Höchstgebot
gegen Gewalt	Priester	Gewalt	Pacht-(gebühr)
Lehrer	Synhedrium	Heiliges Land	reich und arm
Tora	Zadok	keine Steuern	Steuereintrei-ber
Zehnten	Zusammen-arbeit mit Römern	wilde Kämpfer	unrein

● **zu ZdF Seite 110-111: 3. Personen um Jesus (Maria)**
VERKUENDIGUNG DES HERRN

● **zu ZdF Seite 159: 2. Auf neuen Wegen (Neue Ideen)**
Der Streit ...

... und seine Lösung

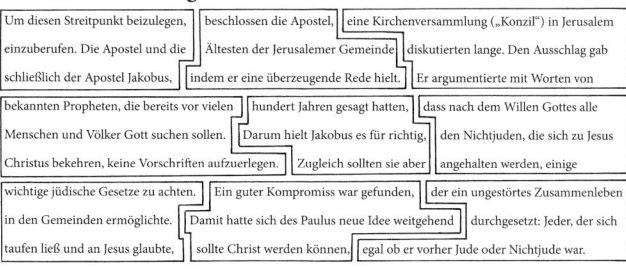

● **zu ZdF Seite 196–197: 5. Das Kirchenjahr und seine Feste**

Das Halloween-Fest, das immer mehr Kinder und junge Leute am 31. Oktober in gruseligen Kostümen feiern, hat uralte europäische Wurzeln. Es wurde von irischen Auswanderern im 19. Jahrhundert in die USA gebracht, wo das Fest allmählich seine heutige Form annahm. Nach Deutschland kam Halloween erst nach 1945 aus Amerika. Eine besondere Blüte erlebt es in Deutschland, seit es die Karnevals-Industrie Anfang der 1990er Jahre entdeckte. Der Name Halloween leitet sich her vom englischen „All Hallows' Eve(ning)", dem Vorabend von Allerheiligen. Am 1. November wird in der katholischen Kirche der gestorbenen Heiligen, am Tag darauf, Allerseelen, aller Verstorbenen gedacht. Der inzwischen auch in Deutschland weit verbreitete Brauch der Kinder, mit den Worten „trick or treat" (Süßes – sonst gibt es Saures) durch die Straßen zu ziehen und an Haustüren zu klingeln, geht auf eine frühe christliche Tradition aus dem Irland des 11. Jahrhunderts zurück. Am Allerseelentag wurden damals kleine Brote mit Johannisbeeren, „Seelenkuchen", an Bettler verteilt, die dafür versprachen, für die Seelen von Verstorbenen zu beten. Von den religiösen Wurzeln ist inzwischen allerdings kaum mehr etwas zu spüren. Vielmehr stehen geschäftliche Interessen im Vordergrund. Geschätzte 160 Millionen Euro pro Jahr soll Halloween inzwischen in die Kassen von Kostümshops, Süßwaren-Produzenten, Getränkeherstellern und Gaststätten spülen.

● **zu ZdF Seite 198–199: 6. Juden und Muslime feiern**
A2; B4; C5; D3; E6; F1

● **zu ZdF Seite 218-219: 2. Mohammed - Der Prophet**

JESUS	MOHAMMED
Christentum	Aischa
Gekreuzigter	Ali
Jerusalem	Araber
Jude	Berg Hira
Maria	Chadidja
Nazaret	Islam
Ölberg	Kaaba
Pessachmahl	letzter Prophet
Petrus	Medina
Sohn Gottes	Mekka
Tempel	Staatsmann
Abraham	
Engel (Jesus: siehe z.B. Lk 22,43; Mohammed: Engel Gabriel)	
universale Religion	
Vorbild	

● **zu ZdF Seite 220–221: 3. Allah und der Koran**

1B; 2K; 3K; 4B (→ ZdF 32 L); 5B+K; 6B; 7K; 8K; 9K; 10B; 11K; 12K; 13B; 14B

● **zu ZdF Seite 258–264: 4. Die fünf Säulen – Pflichten**

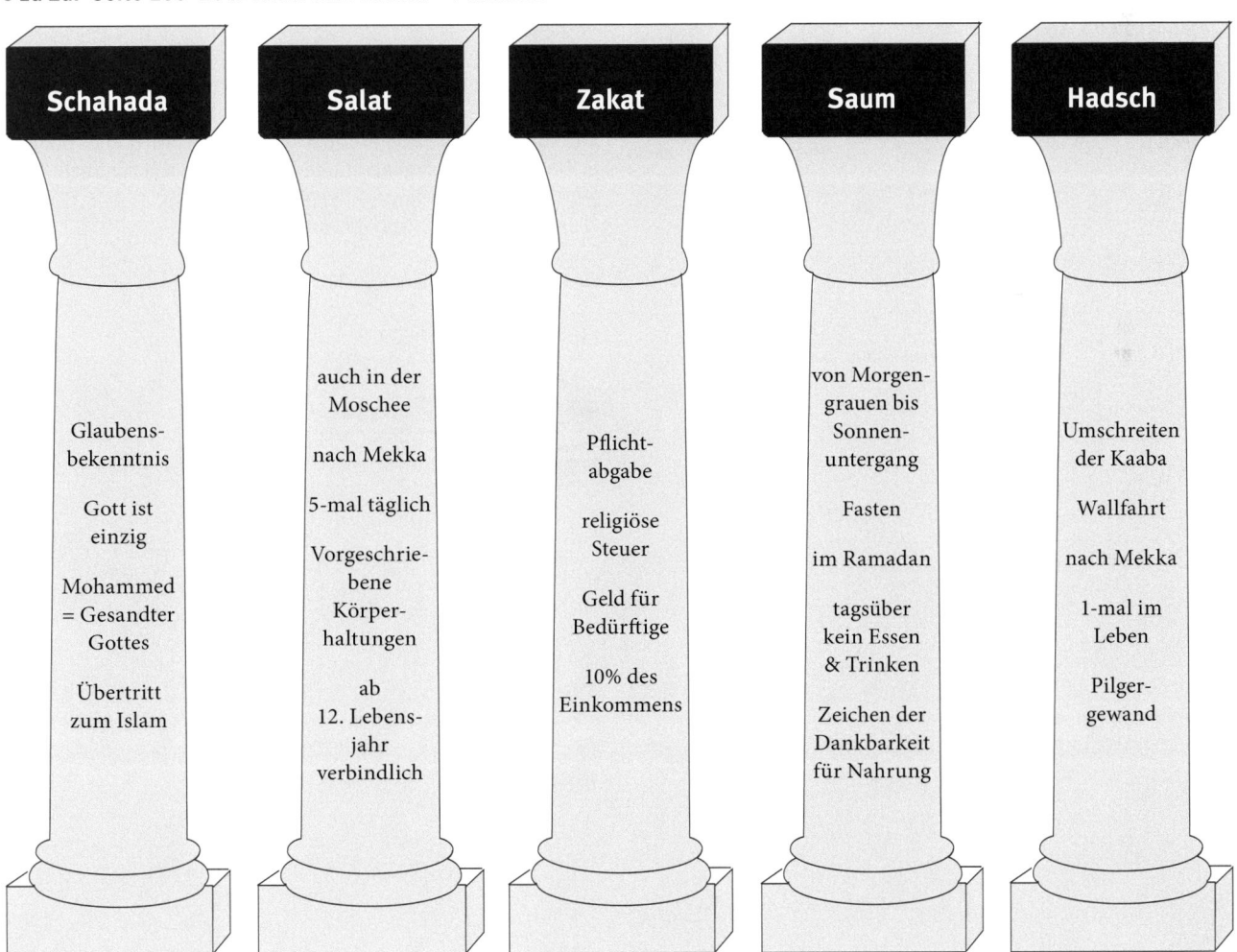

Schahada

Glaubens-bekenntnis

Gott ist einzig

Mohammed = Gesandter Gottes

Übertritt zum Islam

Salat

auch in der Moschee

nach Mekka

5-mal täglich

Vorgeschrie-bene Körper-haltungen

ab 12. Lebens-jahr verbindlich

Zakat

Pflicht-abgabe

religiöse Steuer

Geld für Bedürftige

10% des Einkommens

Saum

von Morgen-grauen bis Sonnen-untergang

Fasten

im Ramadan

tagsüber kein Essen & Trinken

Zeichen der Dankbarkeit für Nahrung

Hadsch

Umschreiten der Kaaba

Wallfahrt

nach Mekka

1-mal im Leben

Pilger-gewand

Textverzeichnis
S. 9 Wortsalat: Hans-Martin Lübking, Neues Kursbuch
Konfirmation, Düsseldorf: Patmos 2000, S. 82.
S. 28: Brigitte E. Kochenburger: Das große Rätselbuch Religion,
Düsseldorf: Patmos 2001, S. 135.
S. 42-43: Der Koran, aus dem Arabischen übersetzt von Max
Henning, Stuttgart: Reclam 1991.

Abbildungsverzeichnis
2–3: Mauritius Images/imagebroker
10 o.: Mauritius Images/imagebroker
10 u. l.: Mauritius Images/Alamy
10 u. r.: Mauritius Images/Alamy
11: picture alliance
16: akg-images
22: Your Photo Today
23 l.: Shutterstock.com/Alla Khananashvili
23 r.: Mauritius Images
30: © Corbis. All Rights Reserved
38: F1online
39: Illustration: Daniel Herrmann,
© Oldenbourg Schulbuchverlag, München
40 l.: David Brinicombe eye ubiquitous/hutchison
40 r.: Mauritius Images/Werner Otto
41 l.: akg-images/Rainer Hackenberg
41 r.: ullsteinbild-Archiv Gerstenberg

Religion – Sekundarstufe I
Band 1
Zeit der Freude
Arbeitsheft 5

erarbeitet von Christoph Menn-Hilger

Redaktion: Berthold Frinken
Bildassistenz: Christina Sandig
Umschlaggestaltung: Gabriele Schenk, München
Layout und
technische Umsetzung: Rainer Moers, Viersen

www.cornelsen.de

1. Auflage, 4. Druck 2022

Alle Drucke dieser Auflage sind inhaltlich unverändert und
können im Unterricht nebeneinander verwendet werden.

© 2014 Oldenbourg Schulbuchverlag GmbH, München
© 2018 Cornelsen Verlag GmbH, Berlin

Druck: H. Heenemann, Berlin

ISBN 978-3-7627-0538-3

PEFC zertifiziert
Dieses Produkt stammt aus nachhaltig
bewirtschafteten Wäldern und kontrollierten
Quellen.

www.pefc.de

PEFC/04-31-1156